# 우리의 아이가
# 스마트폰에 집착하는
# 진짜 이유

## 우리의 아이가 스마트폰에 집착하는 진짜 이유
감성 코칭으로 푸는 스마트폰 과의존 솔루션

**초판 1쇄 발행** 2025년 3월 4일

**지은이** 정귀영
**펴낸이** 장길수
**펴낸곳** 지식과감성#
**출판등록** 제2012-000081호

**교정** 이주연
**디자인** 정윤솔
**편집** 정윤솔
**검수** 김나현, 이현
**마케팅** 김윤길

**주소** 서울시 금천구 벚꽃로298 대륭포스트타워6차 1212호
**전화** 070-4651-3730~4
**팩스** 070-4325-7006
**이메일** ksbookup@naver.com
**홈페이지** www.knsbookup.com

ISBN 979-11-392-2446-7(03590)
값 16,700원

- 이 책의 판권은 지은이에게 있습니다.
- 이 책 내용의 전부 또는 일부를 재사용하려면 반드시 지은이의 서면 동의를 받아야 합니다.
- 잘못된 책은 구입하신 곳에서 바꾸어 드립니다.

지식과감성#
홈페이지 바로가기

# 우리의 아이가 스마트폰에 집착하는 진짜 이유

정귀영 지음

감성 코칭으로 푸는 스마트폰 과의존 솔루션

## 목차

프롤로그 　　　　　　　　　　　　　　　　　　　　　　　8

**1장.**
**스마트폰에 푹! 빠진 마음**
_스마트폰을 많이 보는 이유가 뭐니?

01. 우리 아이들은 잘 지내고 있나요?　　　　　　　　　22
02. 나랑 놀아 주지 않는 엄마를 부르는 방법, 스마트폰　　29
03. 스마트폰이 없으면 불안한 아이_자기 효능감 키우기　35
04. 학업 스트레스와 스마트폰
　　_현실 회피, 자책하는 아이에서 책임지는 아이로　　43
05. '좋아요'가 없으면 우울한 아이
　　_진짜 무대를 꿈꾼다_주체적인 삶　　　　　　　　　49
06. 폰 의존? 폰 독립!
　　_자기 인식을 통한 자기 조절 능력을 돕는 독서 활동 코칭　57
07. 스마트폰 과의존 상태 검사와 전국 스마트폰 쉼 센터　64

**2장.**

## 스마트폰에 빠진 마음 보기 위한 준비 자세
_NLP

| | |
|---|---:|
| 01. 가르치는 부담이 아닌 친밀한 관계 | **72** |
| 02. 그런 마음이 있었구나_긍정 의도 알아주기 | **78** |
| 03. 나의 언어는 아이에게 어떤 지도를 그리고 있을까? | **85** |
| 04. 사실과 의미 구분하여 의미 재구성하기 | **94** |
| 05. 나의 상태 관리는 내가 할 수 있다 | **100** |
| 06. 스마트폰에 과의존된 마음을 볼 수 있는 도구 NLP | **106** |
| 07. 너는 세상을 어떻게 인식하고 있니? | **114** |

**3장.**

## 스마트폰에 푹! 빠진 마음 마주하기
_감성 리더와의 코칭 대화로 마주하는 마음

| | |
|---|---:|
| 01. 아이들의 마음을 볼 수 있는 감성리더 | **120** |
| 02. 마음을 공유하는 코칭 대화_아이의 자기 인식을 돕다 | **125** |
| 03. 자기 인식을 돕는 코칭 질문 | **131** |
| 04. 마음을 들을 수 있도록 돕는 경청_경청의 세 가지 방법 | **137** |
| 05. 피드백은 바다(SEA)이다. 그래서 마음의 성장을 돕는다<br>_피드백은 지적이 아니다 | **143** |

## 4장.
## 스마트폰에 푹! 빠진 마음 건져 내기
### _Maker 독서 활용 코칭

01. 〈지금까지 잘 지내 줘서, 고마워〉
　　_최선을 선택한 나 인식하기　　　　　　　　　　　**152**

　**독서 코칭으로 UP 1**　원하는 상태를 위해 지금 행동할 수 있는 것_목표　**158**

　**활동지 1**　〈지금까지 잘 지내 줘서, 고마워〉_최선을 선택한 나 인식하기
　　　　　　_뛰어라 메뚜기　　　　　　　　　　　　　　**165**

　**활동지 1-1**　〈지금까지 잘 지내 줘서, 고마워〉
　　　　　　　_자기 인식을 돕는 그림책 활용_내 마음은　**173**

02. 〈문제와 마주하기〉_문제와 나 분리하기
　　_문제 캐릭터 분석하기　　　　　　　　　　　　　　**177**

　**독서 코칭으로 UP 2**　현실 인식_일상에서 발견한 문제의 의미　**183**

　**활동지 2**　〈문제와 마주하기〉_문제 캐릭터 분석하기_뛰어라 메뚜기　**185**

　**독서 코칭으로 UP 3**　대안 그리고 선택　　　　　　　**190**

　**활동지 3**　지지와 격려를 통해 잠재의식을 찾도록 돕는 그림책 활동　**194**

03. 목표가 하는 질문으로 만난 나의 진짜 마음_OUTCOME　**198**

**5장.**

# 아이의 마음 힘 실어 주기
## _감성리더에게

01. 하나를 보고 열을 판단한다고?
　_하나가 품고 있는 마음을 알아주는 문화　　**206**

02. 실패가 아니다. 선택에 의한 결과다
　_선택에 대한 용기를 기다려 주는 문화　　**211**

03. 메아리는 나의 외침이 돌아온 것이다
　_좋은 거울과 길이 되는 문화　　**217**

### 프롤로그

문제 아이, 나쁜 아이. 이 세상에 그런 아이는 없습니다.
알아차리지 못한 아이들의 '마음'이 있을 뿐입니다.
스마트폰 과의존, '마음'을 알아차리는 감성리더의 문화가 필요하다는 시그널입니다.

### 선생님, 철수는 나쁜 아이예요!

한 초등학교에서 4학년 아이들과 관계 코칭 강의를 할 때였습니다. 10분의 쉬는 시간, 교실에서 아이들을 바라보고 있을 때 '쿵! 아~앙!' 가녀린 어린 여자아이의 울음소리가 교실을 채웠습니다.

"선생님! 철수(가명)가 영희(가명)를 울렸어요!"

다행인지(?) 저는 그 모든 상황을 보고 있었습니다.
아이들은 강의 시간에 활동한 자신의 캐릭터를 들고 놀이에 빠져들고 있었습니다.
그러다 그 캐릭터들은 대결 구도를 만들었고, 여자아이는 남자아이의 캐릭터를 뺏었습니다. 남자아이는 캐릭터를 다시 찾기 위해 그 여자아이를 밀어 버렸습니다.

그렇게 넘어진 여자아이가 울어 버린 것입니다.

순간 아이들은 그 남자아이의 행동을 지적하며 고자질하느라 시끌벅적해졌습니다.

그 남자아이는 얼음이 되어 바닥만 응시하며 가만히 서 있었습니다.

"선생님! 철수가 영희를 밀어서 울렸어요!"
"철수는 매일 핸드폰으로 싸우는 게임만 하거든요. 그래서 그래요!"
"선생님, 철수는 너무 나쁜 아이예요! 또 친구를 울렸어요!"
"선생님, 철수는 이제 코칭 수업에 오지 못하게 하세요!"
"얘들아, 선생님도 다 보았고, 알고 있어요! 잠깐, 철수와 영희랑 얘기 좀 해 보자!"

아이들은 철수가 어떻게 야단맞는지 꼭 보고야 말겠다는 눈빛으로 자리에 모여들었습니다.

### ☀ 보는 것과, 봐야 하는 것. 듣는 것과 들어야 하는 것.

'아… 이 아이들을 어쩌지? 내가 어떻게 이야기해야 아이들이 제대로 볼 수 있을까?'

나에게 이러한 기도가 더욱 간절했던 이유는 바로 앞 주에 철수가 이와 유사한 일로 다른 선생님에게 야단을 듣고, 울고, 사과했던 상황에 대해 담임 선생님으로부터 들어서였습니다.

그때도 지금과 거의 흡사한 분위기 속에서 철수는 자신을 위한 발언을 제대로 하지 못하고, 억울하게 야단을 들은 것에 대해 담임 선생님이 많이 안타까워하셨습니다.

방과 후 돌봄 자유 시간에 주로 스마트폰으로 격투 게임을 하는 친구이고, 카톡 프로필 사진도 자신이 좋아하는 게임 캐릭터로 매일 바꾸고 있었습니다.

거의 혼자 게임하고 있는 모습만 보인 철수는 장난꾸러기로 그리고 나쁜(?) 아이로 인식되어 무엇을 하든 야단과 벌을 당연히 받아야 한다는 분위기였습니다.

"철수야, 어떻게 된 일인지 말해 줄 수 있니? 기다릴 테니, 말을 할 수 있을 때 말해 줄래?"

"……."

"선생님! 봐요! 아무런 말도 못 하잖아요! 자기가 잘못한 것을 아니까 말을 못 하는 거예요! 그냥 야단치세요! 지난주도 그랬어요!"

"얘들아! 잠깐만! 선생님은 철수의 대답을 기다리고 있잖니? 철수야, 어떻게 된 일인지 네가 말해 줄 수 있어?"

잠시 뒤 철수는 나지막이 말하기 시작했습니다.

"…너…무 재미있게 노는데 영희가 제… 캐릭터를… 뺏어… 갔어요…. 그거… 다시… 달라고 했는데… 안 줬어요…."

"아이코, 그랬구나. 영희가 캐릭터를 뺏어 갔구나. 재미있게 놀고 있는데 캐릭터를 뺏어가서 당황했겠구나. 우리가 자세히 알지도 못하고 다그쳐서 미안해, 철수야. 그러고 나서 어떻게 되었는지 더 말해 줄 수 있어?"

"…달라고… 말…했는데… 안… 줬어…요…. 그래서… 밀었어요…."

"그것 봐요! 선생님! 철수는 나쁘다니까요!"

"아니, 얘들아, 잠깐만! 그래, 철수야, 그런 일이 있었구나. 이야기해 줘서 고마워. 잠깐만 영희 이야기도 들어 보자. 영희야, 어떻게 된 일인지 말해 줄 수 있어?"

"철수만 계속 이겨서… 철수를 이기고… 싶어서 그랬어요…. 근데! 다시 한번 더 달라고 말을 안 하고 저를 밀었어요!"

"맞아요! 아무리 화가 나도 친구를 미는 건 잘못한 거예요! 매일 싸우는 게임만 하니 이렇게 애들을 때리는 거예요."

### ✦ 선생님은 도대체 누구 편이세요?

눈물을 흘리며 바닥만 응시하던 철수의 표정이 점점 더 굳어져 갔습니다.

여기 이 자리의 그 누구도 철수의 억울함은 듣지도 않고 들으려 하지도 않았습니다.

"이기고 싶은 마음에 정당하지 못한 방법으로 뺏어 버리는 것은 바른 선택이니? 얘들아?"

"……."

"아무리 화가 난다 해도 친구가 다칠 수도 있는 위험한 행동을 한 것은 바른 방법일까? 철수야?"

"……."

"아휴! 선생님! 선생님은 그래서 지금 누구 편이세요? 나쁜 철수의 편이 되시는 거예요?"

"선생님은 철수가 나쁜 아이라는 말을 듣는 것이 화가 나요! 선생님은, 얘들아! 선생님이 좋아하는 아이가 억울하게 야단맞고 혼나는 것이 제일 힘들어요! 선생님에게 사랑받는 것처럼 다른 사람에게 사랑받고 또 사랑하는 아이였으면 좋겠어! 그래서 선생님은 늘 먼저 사랑하는 친구의 편이야!"

잠깐의 침묵을 철수가 먼저 깼습니다.

"영희야, 밀어서 미안해…. 다음엔… 말로 할게…."

"나도 철수 너의 것을 빼앗아서 미안해. 이젠 그렇게 하지 않아!"

"우와~~! 하하하! 선생님! 이제 우리는 선생님과 같은 편이죠? 그렇지, 얘들아?"

"맞아! 하하하."

### ✦ 질문 조각으로 사랑을 알아차리고 퍼즐을 맞춰 가기 시작한 아이들

'아이들에게 사랑만 가르쳐도 되지 않을까?'

'사랑을 먼저 알려 줘야 하지 않을까?'라는 생각을 했습니다.

우리의 언어와 행동이 '너는 나에게 소중한 존재야'라는 것을 알아차릴 수 있도록 돕는 사랑의 한 조각이 되면 무엇이 참진리인지 이렇게 알아차려서 사랑의 퍼즐을 맞추어 가니 말입니다.

〈스마트폰 과의존 쉼 프로젝트〉에 독서 활용 코칭 프로그램 요청을 받았을 때 프로그램의 시작을 어디서부터 시작해야 할지 연구하던 중 앞에 소개한 일화가 생각났습니다.

철수와 아이들이 사실에 대한 질문을 통해 '나쁜 아이'와 '같은 편'에 대한 새로운 인식을 가질 수 있도록 도왔습니다.

보는 것과 듣는 것만으로 다른 이를 평가할 수 없고, '너'와 '나'를 가르는 기준이 될 수 없다는 것을 알 수 있도록 돕고 싶었습니다.

보아야 하는 것을 보고 들어야 하는 것을 듣게 되면 모두 즐거울 수 있음을 경험했습니다. 이는 관찰과 관심의 마음으로 하는 질문과 경청을 통해 상대와 내 마음을 알아차리고 반응하는 것이 '같은 편'의 기준이 되는 것을 인식하고 실천한 어여쁜 아이들입니다.

이제는 '나쁜 아이'를 만들지 않아도 모두가 같은 편이 될 수 있습니다.
그 뒤 철수도 혼자 게임하기보다 아이들과 곧잘 지낸다고 합니다. 자신의 의견을 말로 표현하며 과격한 행동도 많이 줄었다는 피드백을 받고 얼마나 감사했는지 모릅니다.

### ✦ 10대 청소년 10명 중 4명 스마트폰 과의존, 위험군!

보이는 행동의 결과만 보고 항상 혼나는 것이 당연한 것으로 여기며 대했던 아이들과 철수처럼 '스마트폰'만 하고 있으면 '문제 아이'라는 뭉텅이로 대하는 것이 맞는 것일까? 하는 생각을 했습니다.

"무엇에 의해 스마트폰을 그렇게 쥐고 있는 걸까?"

"스마트폰 과의존은 무엇으로 인한 결과일까?"

"아이들이 스마트폰을 선택한 마음은 어떤 마음일까?"

"아이들은 스마트폰을 통해 무엇을 원하는 것일까? 무엇을 채우는 것일까?"

이러한 질문들로부터 프로그램을 연구하고 기획하기 시작했습니다. 프로그램을 연구하고 준비하던 중 2022년 과학기술정보통신부에서 청소년(만 10~19세) 2,227명을 대상으로 실태 조사한 결과 10대 청소년의 40.1% 이상이 스마트폰 과의존 위험군이라는 수치를 확인할 수 있었습니다. 더욱이 만 3세부터 69세까지의 스마트폰 이용자들의 과의존 위험군은 5년 만에 0.6%p 감소한 것에 비해, '청소년' 과의존 위험군은 매년 상승세를 지속하고 있다는 것이 우려되는 상황입니다.

이는 코로나 이후에 평균 사용 시간이 점점 늘어나고 있는 경향으로 볼 수 있죠.

코로나 시절 미디어를 통해 함께 누릴 수 있는 소통의 만족만 부각되고 부정적인 결과와 반응에 대한 대책은 생각하지 못했습니다.

그 영향을 우리 아이들이 가장 많이 받는 것 같아 안타까운 마음입니다.

유튜브의 shorts와 인스타의 릴스 같은 쇼트 폼을 통해 짧은 시간에 많은 정보를 반복적으로 쉽게 보는 행위로 인해 아이들의 뇌의 도파민은 더욱 자극받고 있습니다. 보는 것과 듣는 것이 정보가 되고 소통의 연결이 되어 일상의 패턴이 되어 가고 있습니다.

보아야 하는 것과 들어야 하는 것을 생각하고 분별하여 찾는 힘이 약해지고 있습니다.

코로나 시절 우리에게 만족을 주었던 미디어 환경 문화처럼 이제 아이들을 다시 성장시킬 문화가 필요합니다.

### ✦ 부정 감정을 스마트폰으로 회피하는 아이들에게 필요한 감성리더

무분별한 정보에 대해 수동적인 선택으로 소통하는 일상은 아이들의 생각과 감정까지도 스마트폰에서 해결하려는 반응으로 나타납니다.

스마트폰 과의존 아이들의 상당수가 학업 스트레스나 관계와 소통에서 발생하는 부정 감정 앞에서 어떻게 해야 할지 고민하며 생각하는 것보다 스마트폰으로 회피하는 것이 자신을 위한 가장 즉각적이고 효과 있는 문제 해결로 인지합니다. 이것이 반복되면 무의식적으로도 스마트폰을 쥐고 있어 현실에 무감해지게 되는 거죠.

이를 해소하기 위해서 지금의 부정적인 감정이 무엇에서 기인했는지 인지함과 동시에 자신의 감정을 알아차림이 중요합니다.

이러한 알아차림을 도와줄 감성리더 문화의 환경이 필요한 시기입니다.

감성리더는 자신의 감정을 인식하고, 이해하고, 관리하여 효과적으로 표현하는 동시에 타인의 감정을 이해하고 영향을 미치는 감성지능

(Emotional intelligence, EI) 능력을 지닌 리더를 말합니다.

이러한 감성리더는 타인을 인식하여 그들의 장점, 장애 요소, 동기부여를 찾아 지지하고 격려하며 피드백합니다. 함께하는 이들과 협력하며 그들의 말을 경청하고 가능성과 강점을 향상할 수 있도록 돕습니다.

이러한 감성리더에 의한 코칭 문화의 환경이 아이들의 건강한 성장을 도울 수 있습니다.

> ✦ **감성리더의 독서 활동을 통한 질문 코칭으로**
> **알아차림을 돕는다!**

감성리더와 함께하는 책 활동을 통한 질문과 경청 그리고 피드백의 코칭 대화는 아이들 스스로 자신에게 힘을 줄 수 있는 건강한 생각과 선택을 할 수 있도록 도울 수 있습니다.

책과 자신의 문제와 연계된 '질문' 중심 코칭 대화가 진짜 마음(Needs, 욕구)으로 인한 바람(Want)을 알아차리도록 하여 변화하고 성장할 수 있는 건강한 생각과 감정의 선택을 할 수 있도록 도울 수 있기 때문입니다.

이 힘을 아이들에게 심어 줄 수 있는 문화가 필요함을 깨닫고 책을 쓸 용기를 냈습니다.

15년 동안 책과 코칭으로 많은 아이들을 만나며 마음을 나누고 성장하는 시간을 누렸습니다.

그 시간을 통해서 아이들의 마음을 볼 수 있는 탁월한 방법이 감성리더에 의한 '코칭 질문'에 있다는 것을 확인했습니다.

2023년 행안부 후원 〈스마트 쉼, 프로젝트〉로 지역아동센터전국연합회 아이들과 독서 활동 코칭을 진행하며 또 한 번 확인할 수 있었습니다. 어쩌면 스마트폰에 마음을 빼앗긴 건 우리 모두가 아닐까? 하는 생각을 합니다.

스마트폰 하는 아이를 보면 마음이 편치 않은 우리입니다. 아이가 스마트폰에 마음을 빼앗길까, 이미 마음을 빼앗긴 것은 아닐까 걱정하는 마음입니다.

지금 이 글을 읽는 것은 아이가 스마트폰과 가까이하는 것이 염려되는 마음이 있는 것이겠죠?

그리고 이 글을 통해 아이와 스마트폰으로 인해 더 이상 실랑이를 벌이며 힘을 빼고 싶지 않다는 마음도 있을 겁니다.

스마트폰을 사용하는 아이의 마음이 있다고? 그게 뭐지? 그걸 알면 아이가 스마트폰에서 자유로울 수 있나?

맞습니다.

사람은 인식하고 인지하게 되면 즉 마음을 알아차리게 되면 새로운 반응을 선택하며 대응하게 됩니다.

우리 아이가 자신의 마음을 알아차려서 건강한 방법을 선택할 수 있도록 우리가 도울 수 있습니다.

엄마와의 애착 관계가 필요하여 관심을 원하는 아이가 선택한 것이 스마트폰입니다.

그것으로 엄마의 관심을 끌어내어 애착 관계를 유지하고 싶었던 것입니다.

아이의 진짜 마음을 알게 되면 아이를 대하는 우리의 마음도 힘을 가지고 도울 수 있습니다.

그 방법과 힘을 이 글들을 통해 나누고자 합니다.

기꺼이 질문하고 경청하며 아이의 진짜 마음에 건네는 피드백 중심의 '독서 활동 질문 중심의 코칭 대화(MAKER 독서 코칭)'가 우리 아이들이 스마트폰에 대응할 수 있는 새로운 문화가 되길 소망합니다.

## 1장

## 스마트폰에 푹! 빠진 마음

스마트폰을 많이 보는 이유가 뭐니?

## 01
## 우리 아이들은 잘 지내고 있나요?

✦ **"선생님, 저는 왜 게임을 멈추지 못하는 걸까요?"**

만난 지 4일 만의 첫 질문이다. 스마트폰을 놓지 못하는 자신을 보기 시작한 A는 초등학교 6학년 남학생이다. 후드 티 모자를 덮어쓴 채 수업 내내 고개를 숙이고 눈동자는 멍하게 바닥으로 향한다. 밤을 새우며 게임하는 탓에 약물 치료를 하던 중 만났다.

학원에 적응하지 못해 자주 옮겨 다녔다고 한다. 학원마다 '아이가 집중하지 못한다, 계속 잠만 잔다.'라는 피드백을 들은 부모님은 그제야 아이를 관찰하기 시작했다. 과제와 공부하는 것으로 믿었던 아이가 밤새 게임만 한 것이다.

야단을 치고 다그쳐도 고쳐지지 않아 병원 상담 후 약물 치료를 받고 있다. 다른 아이에게 피해를 주는 행동은 하지 않지만 스스로 학습할 의지가 없어 보인다. 곧 중학교에 가는 상황에 초등 3학년 수학 과정의 개념부터 부족하다. 즉 코로나19 시작 때부터 학습 부진이 시작되었다.

이란성 쌍둥이로 4분 누나와 비교당한다고 생각한 A는 게임하며 느끼는 성취감으로 인정 욕구를 채우고 있었다. 하루 종일 게임을 하는 A를 멈추기 위해 컴퓨터를 거실로 옮겼다. 그러나 부모님에게 들키지 않기 위해서 밤새 이불을 덮어쓴 채 핸드폰으로 게임을 했다. A가 코로나에 걸려 줌으로 코칭을 진행할 때였다. 방에서 불을 켜지 않고 후드 티 모자를 쓰고 있었다. 얼굴에 번쩍거리는 불빛으로 게임을 동시에 켠 것을 알 수 있었다. 그런 A의 첫 질문이니 얼마나 반가웠는지 모른다.

이 아이와 코칭을 하며 김유강의 《마음여행》이라는 그림책을 함께 읽었다.

A가 자신의 마음을 찾아 채웠으면 하는 바람으로 함께 읽고 생각을 나누기 시작했다.

가장 기억에 남는 장면은 가슴에 구멍이 난 주인공의 모습이라고 했다. 그 모습이 자기 모습 같다며 히죽 웃다가 시무룩해졌다. 구멍 난 그곳을 게임으로 채우고 있다고 하는 아이에게 질문을 했다.

### ✦ "게임의 어떤 점이 좋아서 가슴에 채운 거야?"

게임을 하면 시간이 빨리 가서 좋다고 한다. 그만큼 재미있는 것이다. 그 재미는 이기는 것에서 기인한다. 이기면 받게 되는 보상에 기분이 너무 좋아진다. 레벨 업과 상금 그리고 마구 터지는 폭죽과 축하 멘트는 A를 충만하게 했다. 만약 진다면 이겼을 때의 충만함을 채우기 위해 다시 게임한다. 이렇게 무한 반복하며 매일 밤을 보낸다.

자신의 노력에 바로 보상을 해 주는 게임을 통해 '인정'을 받는다고 느끼고 있었다.

　　A 학생: 이기면 완전 기분 좋아요! 나만 최고가 되잖아요!
　　　　　누구도 나를 넘을 수 없어요! 너무 신나요!
　　선생님: 게임하는 시간은 너만이 최고가 되는 순간이구나.
　　　　　그래서 게임이 좋은 거구나!
　　A 학생: 네, 그래서 게임을 하면 막 에너지가 넘쳐요!

　게임을 하며 받는 보상과 성취감을 통해 '잘하는 나' 그래서 유일하게 '인정받는 나'로 인식하고 있다. 이렇게 아이는 게임이라는 최선을 선택하여 마음을 채우고 있었다.
　A가 게임을 하게 된 진짜 마음을 스스로 알아차리고 인정할 수 있도록 도와주었다.

　아이의 부모님은 이러한 상황을 처음에는 수용하지 못하셨다.
　"그 애가 칭찬 한마디에 변하겠어요? 뭘 잘하는 구석이 있어야 칭찬이든 지지든 하지요."
　"아버님, 아이의 변화를 기대하시는 만큼 아버님도 변화를 위한 노력이 필요합니다. 변화를 위해서는 용기가 필요합니다. 그 용기는 자신 안에 있는 힘을 느낄 때 생깁니다. 그 힘이 어디서 나오는지 아세요? 부모님의 인정과 격려의 말 한마디에서 한 방울 한 방울 쌓입니다. 그런 한 방울이 모여서 한 모금의 힘이 되려면 얼마나 기다려 주셔야 하는지 아시겠어요? 자신을 향한 긍정적이고 진심 어린 칭찬과 격려를 통해 자신의 가능성을 발견하는 힘이 생깁니다. 과정을 보시고 기특하게 여겨 주세요. 조금씩 노력하고 있는 건 사실이잖아요. 아이는 부모님에게 채우지 못한 인정과 칭찬을 게임으로 대체하다 과의존이 되었습니다. 지금 아버님의 한마디의 칭찬과 인정이 아이 변화의 첫 한 방울의 힘이 되는 겁니다!"

안타깝게도 A 학생이 애쓰고 있는 마음보다 예전과 다름없는 듯한 행동을 더 크게 보고 반응하셨다. 지지와 격려로 함께하는 부모의 변화와 노력 없이 아이 스스로 변화되길 원하셨다. 그것이 가능할까?

인간중심상담이론의 칼 로저스는 어두운 지하 창고에 담아 둔 감자가 작은 창으로 들어온 가느다란 빛을 향해 고개를 내밀어 싹을 틔운 것을 보고, 자기실현 경향성을 이렇게 정의했다. "충분히 수용되고 존중받는 환경에서 자기실현을 촉진한다."

그림책과 함께하는 코칭이 A에게 한 줄기 빛이 되어 싹을 틔우고 꽃과 열매까지 맺기를 바라는 마음으로 함께했다. A 학생의 선택과 행동 뒤에 있는 진짜 마음(긍정 의도)을 알아주고 인정하는 한 사람이 되기로 했다.

"게임은 재미있어서가 아니라 피드백이 있어서 존재하는 것이다." 라고 인지심리학자 김경일 교수는 말했다. 그리고 "인간은 자아가 있다. 그 자아는 내가 만들어 내는 행동이 이 세상에 무의미한 것이 아니라 분명히 의미가 존재한다는 신념을 가지고 있다. 바로 그 자아가 무엇인가에 집중하게 하고 행동 변화를 그대로 반영한다. 이 모든 것이 가능하게 하는 것이 바로 피드백이다."라고 덧붙였다.

즉 A 학생의 선택과 행동에 의미 있는 피드백을 제공하는 것이 게임이다. 그 피드백을 부모님과 교사 또는 가까운 친구가 해 준다면 어떤 변화가 있을까?

2022년 과학기술정보통신부와 한국지능정보사회진흥원에서 발표한 내용이다.

"이제는 일상생활에서 스마트폰 사용이 보편화되었다. 현대 사회의 디지털 환경은 개인뿐만 아니라 사회 문화적인 변화를 주도하고 있다. 코로나19 시대에 대면 접촉의 제한적인 학습 상황에서 스마트폰을 활용한 비대면 온라인 학습의 영향으로 학습의 디지털화가 이루어지고 있다."

이제는 스마트폰을 하지 않는 환경이 아니라 건강하게 사용할 수 있는 환경과 문화가 필요하다.

애나 렘키의 《도파민네이션》에선 과의존 아이들에게 필요한 것은 부정적 수치심에서 벗어나 긍정적 마음을 키울 수 있는 환경(문화)이 필요하다고 말한다.

"어떤 모임에 있느냐에 좌우된다. 긍정적 수치심 주는 모임에 있으면서 솔직해지면 응원과 공감을 받는다. 그런 분위기에서 유대감이 강화된다. 친근한 관계는 중독을 이겨 내는 힘을 준다."

스마트폰에 과의존하게 된 아이 자체가 문제가 아니라, 과의존의 결과를 만든 과정과 상황이 문제이다. 아이들이 과의존하게 된 과정과 이유를 알고 깨닫는 것이 우선이다.

이를 위해서는 친근한 관계가 필요하다. 먼저 지금 나의 마음을 인식하며 '나' 자신과 친근해야 한다. 나 자신과 친근함은 지금 나의 감정과 생각을 인식하여 '마음 상태'를 조절할 수 있음이다. 마음을 인식하면 나와 문제를 구분하여 문제 해결 방법을 찾는 힘을 가지게 된다. 이러한 '아이'는 지지와 격려의 친근한 관계 문화 속의 질문 대화를 통해 자기 인식을 하게 되고 자기조절의 힘을 발휘하여 책임감 있는 아이로 성장한다.

학술 논문을 통해서도 친근한 관계가 스마트폰의 과의존 감소에 영향을 줌을 확인할 수 있다. '청소년이 부모의 양육 태도를 애정적, 합리적으로 지각할수록 청소년의 스마트폰 의존 가능성이 감소하고 있음을 보여 준다.'(노충래, 김소연, 2016)

아이들이 스마트폰을 하지 않는 경우는 가족과 함께 외식하거나 여행할 때, 그리고 친구들과 함께 놀고 있을 때라고 말한다.

우리는 친근한 관계 속에 있을 때 안전감과 충만함을 느낀다. 이는 엄마의 뱃속에 있을 때부터 돌봄과 수용이 필요하며 함께함으로 살아가는 우리이기 때문이다.

3년간의 코로나 시절, 독립된 공간이 유일한 안전함이었음에도 '줌'이라는 애플리케이션을 통해 끊임없는 소통으로 함께한 우리였다. 그러한 친근한 관계의 끈이 그 3년을 잘 버티게 한 힘의 일부일 것이다.

이제 우리 아이들에겐 친근한 문화 속에서 건강한 관계를 분별하고 선택할 수 있는 지혜와 힘이 필요하다. 그 분별과 선택은 코칭 대화의 질문을 통해 도울 수 있다. 그로 인해 우리 아이들은 각자의 자리에서 책임감 있는 생활을 통해 성장할 수 있다.

지금 우리 아이들은 친근한 문화 속에서 잘 지내고 있나요?

# 나랑 놀아 주지 않는 엄마를 부르는 방법, 스마트폰

### "저는 엄마랑 싸우는 것이 좋아요."

초등학교 1학년 남자아이 B를 만났다. 첫날은 엄마와 떨어지려 하지 않아 엄마와 1시간 동안 씨름을 했다. 결국 교실에 잠시 발만 들여 보고 갔다. 등교할 때도 늘 이러한 상황이다.

터울이 있는 누나 둘에 막내로 귀여움을 독차지한 귀염둥이다. 그러나 7살이 되면서 누나들과 자주 갈등을 일으키고 학교 선생님에게서도 주의와 권면의 전화가 자주 온다. 산만하여 주변 친구들 학습을 방해하는 행동과 학습이 저조하다는 이유다. 어머니는 학교나 학원 번호가 뜨면 가슴이 철렁한다고 한다.

어머니는 온순하고 친절하신 분이다. 목소리도 상냥하시고 자주 미소 지으시는 얼굴이다. 마냥 순하고 좋으신 분이라 B에게 끌려다니고 훈계가 되지 않는다. 소위 아이가 기가 세다고 표현한다. B의 고집을 이기지 못하겠다고 한다. 엄마가 집에서 업무하는 시간이면 어김없이 스마트폰을 사용하여 갈등이 생긴다. B가 자신과 놀아 주지 않으면 매일 스마트폰만 하겠다며 협박(?)한다는 하소연을 하며 상담을 해 오셨다.

"스마트폰 하지 말라고 했지!"
"엄마가 나랑 놀아 주지 않으니까 그러는 거지!"
"엄마 지금 일하고 있잖아!"
"왜 맨날 일만 해! 그러니까 나도 게임하는 거지!"
B의 하교 후 일상이 되어 버린 대화라고 한다.

선생님: B는 엄마와 사이가 어때? 엄마와 어떻게 지내는지 말해 줄 수 있어?
B 학생: 엄마랑 매일 싸워요.
선생님: 엄마랑 어떻게 하다가 싸우게 되는 거야?
B 학생: 우리 엄마는 제가 스마트폰만 하면 달려와서 뺏어 가요. 저는 그것을 다시 뺏으려고 하면서 소리 질러요.
선생님: 엄마랑 그렇게 싸울 때 기분이 어때?
B 학생: 저는 엄마랑 싸우는 것이 좋아요. 어제도 엄마가 저에게 소리 질렀어요.
선생님: 엄마가 소리 지르며 야단치면 무섭지 않고 좋다는 거니?
B 학생: 네, 좋아요.
선생님: 어떤 점이 좋은지 말해 줄 수 있니?
B 학생: 네. 음… 엄마랑 소리 지르며 싸워야 저하고만 마음속 이야

기를 할 수 있거든요. 엄마도 마음속 이야기를 해요.

선생님: 마음속 이야기가 어떤 거니?

B 학생: 하고 싶은 이야기요.

선생님: 우리 B가 하고 싶은 이야기가 뭐였어? 기억나면 말해 줄 수 있어?

B 학생: 그냥 엄마하고 말하는 것이 하고 싶은 이야기예요.

선생님: 엄마가 소리치며 말씀하셔도 B하고만 얘기하는 거니까 좋은 거라는 거니?

B 학생: 네, 오늘도 엄마랑 싸울 거예요.

B는 천진한 미소를 짓고 바닥에 닿지 않은 다리를 흔들며 신난다는 듯이 말했다.

B가 스마트폰을 사용할 때 엄마로부터 즉각적인 부정 반응이 나온다. 누나들이 바로 고자질하기를 바라듯 보란 듯이 누나 방에 가서 스마트폰 게임을 하기도 한다.

B는 단지 엄마와 함께 이야기하고 싶은 것이다. 엄마의 즉각적인 피드백은 자신이 스마트폰 할 때라는 것을 알고 엄마와 대화하고 싶을 땐 눈에 띄는 그곳에서 게임한다.

엄마가 '내'가 아닌 다른 것에 집중하고 있는 것을 본 B는 엄마를 데려와서 함께하고 싶어 한다. 그런 엄마를 가장 빨리 데려올 수 있는 것은 관심 끌기다. 그래서 공부하거나, 색종이를 접어서 엄마에게 보여 주기도 했다. 그때는 "응, 그래 잘했어."로 엄마의 반응이 끝났다.

B는 활동이 크고 에너지가 넘치며 욕심이 많다. 늦둥이로 온 가족의 사랑을 받아 온 B가 이런 시큰둥한 엄마의 반응에 만족할 리 없다. 스마트폰을 하니 엄마가 뛰어와 뺏는다.

그리고 그전보다 길게 말한다. 자신을 챙겨 주고 아껴 주는 것처럼 느끼고 있었다. 그 뒤 B는 엄마와 함께하고 싶으면 스마트폰을 보이는 곳에서 하거나, 핸드폰 소리를 높여 엄마가 알아채게 했다. B의 생각과 행동은 본능일까? 찾아낸 방법일까?

어머니는 B 행동의 이유가 엄마와 속마음을 나누고 싶었다는 것을 알고 많이 놀라셨다.

"너 때문에 엄마가 너무 힘들어! 왜 이렇게 말을 안 들어!"
"나도 엄마 때문에 힘들어! 엄마도 내 말을 안 듣잖아! 나랑 놀아 주지 않잖아!"

B의 그 소리가 진심으로 하고 싶었던 말임을 알게 된 엄마는 한동안 눈물을 흘렸다.

마음을 안다는 것, 마음에 공감하는 것은 아이의 말과 행동을 다시 돌려주는 것이다.

"엄마가 놀아 주지 않아서 스마트폰 보는 거야? B가 엄마랑 놀고 싶은 거구나. 엄마가 일만 하고 B랑 놀지 않아서 싫었구나. 엄마도 얼른 B랑 놀고 싶어. 그래서 엄마 30분만 일하고 B랑 놀아도 될까?"

아이의 말을 돌려주며 따라가면 마음이 보인다. 아이는 엄마가 상황을 장황하게 설명하며 이해시키는 말은 듣고 싶지 않다. 엄마의 상황을 이해하고 싶어서 떼쓰는 것이 아니기 때문이다. 자신을 봐 달라고 떼쓰는 것이다. 그러니 마음을 알아주는 것이 먼저다. 그리고 아이의 마음이 준비되면 엄마의 상황을 설명하며 말을 해 준다.

이해받고 신뢰받아야 이해하고 신뢰할 줄 안다. 자신의 진심을 알아준 기쁨으로 잠시라도 기다릴 힘이 생긴다. 아이가 버틸 수 있는 만큼의 시간부터 기다려 달라고 부탁하며 조금씩 시간과 미션을 바꿔 본다.

긍정 심리학과 NLP(Neuro Linguistic Prigramming)에서는 인간의 모든 행동은 긍정적 의도에서 나온다고 한다. 사람의 행동에는 문제가 있을 수 있지만 행동 이면에 있는 긍정적 의도를 알아차리고 접속할 수 있으면 행동에 대한 다른 관점과 접근이 가능해진다. 사람의 행동에 긍정적 의도가 있다는 전제를 이해하고 수용한다면 관계에서 발생하는 문제를 쉽게 해결할 수 있다.

스마트폰에 빠진 아이들을 부정적으로만 볼 수 없다. 부정적으로 봐서는 진짜 문제를 찾기가 쉽지 않다. 이는 겉핥기의 해결책만 늘어놓아 아이의 변화를 더욱 더디게 만들 수 있다.

'아이가 스마트폰에 빠진 이유는 무엇일까?'를 먼저 생각하고 아이와 대화하는 시간이 필요하다. 그리고 아이와 함께 대처할 수 있는 적당한 활동들은 없을까? 이런 활동을 아이와 대화를 나누면서 찾아 보는 것도 좋은 방법이다. 엄마와의 애착 관계를 위해 스마트폰이라는 자극으로 엄마의 반응을 기다리는 아이다. 지금 우리 아이들은 무엇을 위해 스마트폰 자극을 주고 있는 것인지 질문을 통해 확인할 수 있다.

아이의 말과 행동을 따라가며 질문하는 대화를 통해 마음에서 시작된 긍정 의도를 만나면 확인할 수 있다.

## 03
# 스마트폰이 없으면 불안한 아이
_자기 효능감 키우기

 **"저에게 숙제를 주시는 거예요?"**

H는 중학교 1학년 남학생이다. 성적에 반영되는 시험을 대비하기 위한 기초 학습이 전혀 잡혀 있지 않았다. 초등 5학년 과정의 약분과 통분에 대한 개념 이해가 되지 않는 상태였다.

코칭 첫날 슬쩍슬쩍 스마트워치를 보며 분주했다. 학습에는 마음도 없고 생각도 없다.

문제를 풀다 졸고 있으면 스마트워치의 진동으로 일어난다.

평소 학교 형들과 어울려 부모님의 걱정이 많다. 부모님이 학교에 불려 가는 일도 다반사다. 아이의 키가 175cm이고 덩치도 있어서 성숙해 보인다. 까무잡잡한 피부에 앞머리가 눈의 반을 가리고 있다. 평소에 무뚝뚝한 표정으로 말 걸기가 쉽지는 않은 인상이다.

1학년 여름방학 할 즈음 하교할 때 형들이 말을 걸었다고 한다. 신체 폭력은 없고 연락이 오면 바로 연락을 해야 한다고 한다. 그 이상은 아직 말하지 않는다.

어느 날 약속 시간이 지나도 오지 않아 카톡을 보냈다. 거의 30분이 지난 뒤 손에 학습 교재 달랑 들고 허겁지겁 달려왔다. 형들에게 불려가서 혼나다가 늦게 왔단다. 혼난 이유가 형들의 소식에 바로 연락을 하지 못해서이다. 담배 냄새가 너무 심해서 물어보니, 형들이 담배를 피우며 혼내서 냄새가 밴 거라고 한다.

학교에서는 거의 말을 하지 않고 엎드려 잔다. 밤새 게임을 해서 학교에 가면 너무 졸린다고 한다. 학교에서는 자신을 포기해서 자고 있어도 야단치는 선생님이 아무도 없다고 한다. 그러던 어느 날 친구가 장난을 걸어서 같이 노는 중 수업 종이 울렸다. 멈추지 않는 장난을 하는 중 교실로 들어오신 선생님은 H만 불러서 야단을 쳤다. 장난을 같이 한 친구 이야기를 했음에도 듣지 않으시고 계속 야단만 치셨다. H는 화가 나서 꾸중을 듣는 도중 교실을 나왔다. 학교에서 걸려 온 전화를 받은 엄마도 자신의 이야기는 들으려 하지 않고 무조건 야단만 쳤다며 분노하며 눈물을 흘렸다.

"아이고…. 우리 H가 아주 억울하고 속상했겠네. 너는 진실을 말하는데 들어 주고 믿어 주지 않으니 얼마나 답답하고 힘들었니."

그렇게 나의 책상 바로 옆에 끼고 앉아 기초 학습을 도우며 코칭한지 3주가 되던 날 처음으로 숙제를 내주었다.

H 학생: 선생님, 지금 저에게 숙제를 주시는 거예요?
선생님: 응, 그렇게 놀라는 이유가 뭘까?

H 학생: 지금까지 저에게 숙제를 주시는 선생님은 처음이에요!

선생님: 와, 내가 처음이구나! 뿌듯한데! 그런데 이전 선생님들은 숙제를 주지 않은 이유가 뭘까?

H 학생: 당연히 제가 하지 않을 것을 아니까요! 그런데 선생님은 뭘 믿고 숙제를 주시는 거예요?

선생님: 뭘 믿겠니? 너를 믿는 거지! 네가 보면 알겠지만 일곱 문제야. 지금 네 실력으로 이거 푸는 데 얼마나 걸릴 것 같아?

H 학생: 한 10분.

선생님: 오~ 그래? 봐! 너도 너를 믿잖아! 10분 정도면 풀 수 있다고 말이야.

H 학생: 에이, 그런 게 아니죠. 일단은 가지고 갈게요. 게임해 보고 시간 되면 할게요.

선생님: 게임도 한 플레이 끝나면 다음 게임 시작하기까지 시간 걸리잖아. 잠시 쉬는 시간에 너를 한번 믿고 풀어 봐. 나도 10분 정도면 네가 풀 수 있을 거라 믿어. 10분으로 너의 믿음을 실험해 봐!

H 학생: 네, 네, 알겠어요.

이 아이는 다음 날 숙제를 해서 왔다. 그리고 세 문제를 맞혔다.

H 학생: 그것 보세요, 저는 안 돼요.

선생님: 선생님은 네가 처음으로 주어진 과제를 했다는 것이 너무 기특해! 너의 선택에 책임을 진 거잖아!

H 학생: 그럼 뭐 해요, 틀렸는데요.
선생님: 틀린 건 다시 배우면 되는 거야! 배우려고 선생님 만나는 거 잖아! 무엇을 틀렸는지 알아야 너도 배울 곳을 알고, 난 가르칠 곳을 알지! 네가 시작도 하지 않으면 틀린 것도, 맞는 것도 확인할 수 없었잖아. 네가 풀었다는 것이 더 중요한 거야! 그것도 네가 게임할 시간 쪼개서 숙제한 거잖아.
H 학생: 어! 그건 맞아요! 진짜 큰맘 먹고 했어요!
선생님: 그래! 선생님은 너의 큰마음에 박수를 보내는 거야! 이겨 낸다고 수고했어!

그렇게 그 아이와 수업을 시작한 지 6주 만에 혼자 스스로 문제를 읽고 풀어서 다 맞혔다. 그리고 2학기 수행평가를 처음으로 만점을 받아 왔다. 스마트폰 사진으로 찍어 온 수행평가 시험지를 본 순간 일어서서 물개 박수와 최고를 쏘아 주며 등을 토닥여 주었다. 밤에는 게임으로 낮에는 친구와 형들과의 소통 수단으로 잠시도 스마트폰을 내려놓지 못했다.

스마트워치를 통해 더욱 스마트폰과 밀착된 생활을 했다. 그래서 정작 중학생으로 해야 할 것을 제대로 인지하고 돌아보지 못했다. 또한 형들의 연락에 늘 긴장하고 있었다. 그러는 사이 자신에 대한 타인의 평가는 어느새 최악이 되어 있었다.

아이는 이 순간에서 벗어나고 싶었지만 자기 신뢰가 되지 않아 용기를 내지 못하고 있었다. H에게 자기 효능감을 높여 주기 위한 경험을 선물하고 싶었다. H가 무의식으로 말한 '10분'이라는 시간을 믿었다. 10분 정도면 풀 수 있겠다는 H의 숨어 있는 의지를 보았다.

그렇게 10분의 자신에 대한 믿음으로 스스로 3문제를 풀어내는 결과를 만들었다는 것에 초점을 맞추어 칭찬과 격려를 했다. 그렇게 아이가 스스로 학습할 수 있는 시간을 5분, 10분 늘여 갔다. 그것은 스마트폰을 잠시라도 내려놓을 수 있는 시간을 5분, 10분 늘이는 훈련을 한 것이다.

작은 목표를 한 번 두 번 성취하는 동안 웃는 얼굴을 자주 볼 수 있었다. 형들에게 수업 시간에 스마트폰 전원을 끄기 때문에 연락을 받을 수 없다고 용기 내어 말했다고 한다.

얼마나 기특하고 고마웠는지 모른다.

자기 효능감(Self efficacy, 自己效能感)은 심리학자인 앨버트 반두라(AlbertBandura)에 의하여 1977년 처음 소개된 이론으로 과제를 끝내며 목표에 도달할 수 있는 자신의 능력에 대한 스스로의 평가를 가리킨다. 자신이 어떤 일을 해낼 수 있다고 생각하는 믿음을 뜻하며, 객관적인 능력이나 조건보다는 자신의 역량에 대한 신념 자체를 의미한다. 이러한 자기 효능감이 높은 사람은 긍정적인 자아상을 촉진하고 목표 중심적으로 행동하여 높은 성취 수준에 도달하는 반면, 자기 효능감이 낮은 사람은 부정적인 자기평가가 주를 이루어서 자신감이 결여되어 있고 목표 지향적 행동이 부족하다.(《상담학 사전》,

2016. 01. 15., 김춘경, 이수연, 이윤주, 정종진, 최웅용).

자기 효능감이 낮으면 자신의 능력에 대한 평가와 신뢰가 낮아서 과제가 실제보다 더 어렵다고 믿고 미리 걱정한다. 그로 인해 의기소침해져서 과제 계획을 세우는 것이 힘들고 스트레스가 증가한다. 그래서 낙담하고 포기하는 경향이 있다.

예를 들어 자기 효능감이 높은 사람은 시험 점수가 낮을 때 시험이 어렵게 나왔다고 생각하거나, 또는 컨디션이 좋지 않았거나 노력이나 준비가 부족한 것으로 생각하여 새로운 계획과 방법을 찾는다. 그러나 자기 효능감이 낮은 사람은 같은 결과를 두고도 자기 신뢰가 되지 않아 자신이 능력과 실력이 없어서 못 한다는 생각에 포기하며 능력을 발휘하지 못한다.

한 논문을 통한 연구에서 스마트폰과 학업 성취와의 관계에 대해 말한다.

"스마트폰이 학업 성취, 즉 학업 성적을 높이는 데 긍정적인지에 대한 조사에서는 긍정적인 응답('그렇다'와 '매우 그렇다')이 9.9%로 나타난 반면 부정적인 응답('아니다'와 '매우 아니다')은 60.7%가 학업 성적을 높이는 데 도움이 되지 않는다고 응답을 하였다."(김태진, 김수연, 2015)

여기에 긍정적인 반응과 부정적인 반응은 자기 효능감에서 기인한 것으로 보인다.

스마트폰 과의존으로 인해 발생하는 문제 중 자기 조절 능력이 저하

되어 시간을 조절하여 사용하지 못하는 경우가 많다. 그로 인해 생활의 문제와 관계의 갈등이 생기고 오랜 시간 사용하여도 만족감이 충족되지 않아 스마트폰을 계속하는 경우가 생긴다. 이러한 상황이 반복되면 당면한 문제나 과제에 대한 이해와 대처 능력을 발휘하기보다 불안과 스트레스가 앞선다.

문제 해결을 위한 자기 능력에 대한 신뢰가 낮아서 계획하고 수행할 수 있는 자기 효능감이 낮기 때문이다. 이러한 현상이 학습 태도와 성취에 부정적인 영향을 주는 것으로 보인다.

H가 조금씩 자신을 믿기 시작하는 모습이 보였다. 늦은 시간까지 게임하고 있을 때 그만하고 잘 것을 당부하는 부모님에게 짜증 내거나 소리를 지르지 않고 가끔이지만 '30분만 하고 잘 것이다'라며 자신의 의지를 표현하기도 한다. 느리지만 조금씩 성과가 나오는 것에 기대를 하기 시작했다. 이제는 아이의 속도를 잘 관찰하며 믿고 기다려 주면 된다.

교육은 행동하도록 하는 것이다. 그 행동은 자기 효능감에서 힘을 발현한다.
아이가 자신을 신뢰할 긍정 경험은 9개의 잘못보다 1개의 잘함에 포커스를 두고 믿고 대화하는 과정에서 가질 수 있다.
오늘은 아이의 칭찬거리를 마음과 눈에 가득 담아 펼쳐 주는 시간을 가져 보자.

아이가 무심코 한 작은 일, 또는 매일 반복되는 일상임에도 감당하고 있다면 진심 어린 격려를 해 보자. 아이의 마음이 무엇으로 채워지는지 보일 것이다.

"아들, 오늘은 옷이 걸려 있더라. 덕분에 청소하기가 수월했어. 고마워."

## 04
## 학업 스트레스와 스마트폰
_현실 회피, 자책하는 아이에서 책임지는 아이로

### "선생님, 그냥 공부 포기하면 안 될까요?"

초여름 큰 키에 마른 체형의 고1 D 남학생을 만났다. 예의가 바르고 얌전한 D 학생은 중학교 2학년 2학기부터 수학이 어렵고 혼자 공부하기 힘들었다. 학원에 갈 형편이 되지 못해 혼자 공부해 보려 했지만 쉽지 않아 포기했다. 그때부터 미루어진 학습을 다시 시작하기엔 엄두가 나지 않아 더욱 손을 놓게 됐다. 학교에 가서 공부하는 친구들을 보고 진로를 생각하면 불안한 마음이 커지고 포기한 자신을 탓한다. 외식조리학과에 진학하고 싶지만, 부모님의 반대로 갈등이 있다. 더욱이 최근에 여자 친구와 헤어져 마음잡기가 어렵다고 한다.

이러한 상황으로 스마트폰으로 유튜브 영상을 봤다가 게임도 하고 인스타그램도 둘러본다. 그러다 늦은 시간까지 일하시는 부모님이 생각나면 죄송한 마음에 힘들다고 한다.

이런저런 부담으로 결국 다시 스마트폰을 둘러보며 시간을 보낸다.

이러한 상황이 염려가 된 어머님의 권유로 D를 만났다. 하지만 공부할 마음도 의지도 없다. 그럼에도 하교 후 청소일을 하시는 어머니를 돕기 위해 달려가는 따뜻한 아이다.

D 학생: 선생님, 저 그냥 공부 포기하면 안 될까요?

선생님: 포기를 생각하게 된 이유를 말해 줄 수 있겠니?

D 학생: 잘할 자신이 없어요. 공부도 되지 않고, 무엇을 위해 공부를 해야 하는지 모르겠어요.

선생님: 그래, 무엇을 위한 것인지 알지 못한 채 하는 공부는 힘들지. 무엇을 위해 공부해야겠다는 생각을 해 본 경험은 있니?

D 학생: 중학교 때 수학이 힘들어 포기했다가 고등학교 가서 진로 고민하면서 생각했었어요.

선생님: 그래? 했었어? 지금은 진로에 대해 어떻게 생각하고 있어?

D 학생: 그냥 있어요. 부모님이 반대하셔서 어떻게 해야 할지 모르겠어요. 그래서 그런지 매번 스마트폰만 보고 있어요.

선생님: 폰이 우리 D에게는 복잡한 생각이나 마음으로부터 자유롭게 해 주는 거니?

D 학생: 그런 것 같아요.

선생님: 복잡한 생각이 무엇일까? 말해 줄 수 있어?

D 학생: 공부랑… 진로에 대한 생각이요.

선생님: D가 하고 싶은 진로에 대해서 말해 줄 수 있어?

D 학생: 음…. 저는 외식조리학과에 가고 싶어요. 요리로 뭔가 새로운 음식을 만드는 것이 재미있어요. 집에서 가끔 만들기도

하고요. 동생이랑 엄마가 맛있다고 하더라고요. 작년에 아버지가 근무하시는 일식집에서 가족이 외식했는데요. 그때 저도 저만의 요리를 사람들에게 나눠 주면 좋겠다고 생각했어요. 그래서 한번 찾아 보니 외식조리학과가 있더라고요.

선생님: 오~ 외식조리학과를 찾아 봤구나! 그럼, 우리 외식조리학과 얘기 좀 더 해 볼까? 괜찮니?

D 학생: 네.

선생님: D야, 외식조리학과에 진학하려면 뭘 해야 할까?

D 학생: 음… 제가 준비할 만한 대학부터 찾아 봐야겠죠? 4년제는 힘들 것 같고 전문대로 찾아 보면 준비할 만한 대학이 있을 것 같아요.

선생님: 오~ 구체적인데? 좋아! 그리고 또 뭘 할 수 있을까?

D 학생: 목표 대학 찾으면 다시 공부 시작해야죠.

선생님: 음~! 공부를 시작할 이유를 찾은 거네! 좋아! 그리고 또 뭘 해야 하지?

D 학생: 요리 학원도 다녀야 해요. 그런데 비용이 많이 들어서 못 다닐 거예요.

선생님: 그래, 요리 학원에 다녀야 하는구나. 비용이 많이 들어서 못 다니는 건 네 생각이니? 결정이 된 거니?

D 학생: 제 생각이죠. 허락도 안 하시는데 비싼 학원을 보내 줄 리가 없죠.

선생님: 그럼 그건 확인된 일이 아니네? 네 짐작인 거니 나중에 확

인하는 기회의 시간을 가지자. 그러면 네가 외식조리학과에 진학하기 위해 준비할 수 있는 세 가지 중 네가 먼저 할 수 있는 것은 어떤 거야?

D 학생: 대학 알아보는 거요.

선생님: 그래, 좋아! 다음 주에는 네가 알아본 대학 목록을 보고 이야기해 보자.

D 학생은 다음 주 희망하는 대학 목록을 찾아 왔다. 그리고 몇 달 뒤 요리 학원에 다니게 되었다는 전화를 받았다.

D 학생은 모든 상황을 '자기 탓'으로 인지하는 경향이 있었다. '자기 탓'을 하게 되면 두 가지 유형이 나타날 수 있다. '내' 탓이니 내가 변하면 된다는 의식과 부족한 '내' 탓이니 의존하려는 의식이다.

D 학생은 후자의 유형 특징이 있다. 공부를 포기한 자기 탓, 여자 친구와 헤어진 것도 자신이 못난 탓, 부모님이 힘들게 일하시는데 비싼 요리 학원까지 다니겠다고 하면 부담을 드리게 된다고 여긴다. 자신의 삶을 의식하며 발전하고 성장하기 위해 어떤 변화가 필요한지 알려고 하지 않고 자기 탓을 하며 스마트폰으로 도피하고 있었다.

자신의 삶을 의식하여 변화하기 위한 책임감을 가질 수 있도록 돕기로 했다.

어떤 변화를 원하는지 알고 그것을 위해 무엇을 할 수 있는지 분별할 수 있도록 했다. 그리고 그것을 실천하기 위해 자신의 어떤 자원과 강점을 활용할 수 있는지 경험을 통해 확인하여 실천 동기를 가질 수 있도록 도왔다. 결국 자신이 공부에 대해 시도도 하지 않고 도피만 한 현실을 인식함으로 변화를 위한 시도를 시작할 수 있었다.

분명한 목표가 없는 것이 원인임을 알고 진학할 대학을 목표로 하여 다시 공부를 시작하였다. 그리고 확인되지 않은 것을 지레짐작으로 일반화하여 판단하고 포기하는 자신을 인식할 수 있도록 했다. 요리 학원에 등록하기 위해 아르바이트로 학원비 일부를 보태겠다는 계획을 부모님께 말씀드리고 실천했다.

D 학생은 현실과 자신을 인식하는 훈련으로 자기 삶에 대한 책임 의식을 놓치지 않기 위해 노력하고 있다.

우리 아이들이 학업이나 진로에 대한 걱정과 부담에 스마트폰으로 도피하고 있지 않은지 확인할 필요가 있다.

현실의 자리에 머물러야 한다. 해야 할 공부가 많고, 정리할 과제가 많은 바로 그곳에 있어야 무엇으로 인한 어려움인지 인지하여 변화하기 위한 자원을 찾을 수 있다. 어떤 부분에서 부담스럽고 난감해하는지 알기 위해서는 해야 할 과제와 공부의 자리에 있어야 한다.

기본 개념이 부족한 것인지, 공부 환경 준비가 되지 않았는지, 시간 계획을 실용적으로 세우지 못하는지, 관계의 어려움으로 집중이 되지 않는 것인지 등 현실의 구멍을 알기 위해서 그 자리에 머물러야 한다.

아이가 생활 가운데 만나는 어려움과 힘겨움에서 도피하는 것이 아니라 그 자리에 기꺼이 머물며 책임 의식을 가져야 변화하고 성장할 수 있다.

이 과정은 신뢰와 공감하는 마음으로 함께하며 경청하고 격려와 지지를 하는 환경에서 충분히 가능하다. 우리가 아이들에게 그러한 환경이 되어 주는 것이다.

해결책을 제시하기 전에 아이가 자신이 무엇을 피하고 있는지 인지할 수 있는 힘을 키울 수 있는 질문으로 다가간다.

네가 공부에 부담을 가지는 것은 무엇에 초점을 두어서 그럴까?
바라는 성적과 현실의 점수가 너무 괴리감이 심하면 부담이 더욱 가중된다. 그렇다고 바라는 점수를 하향하는 것이 아니라, 단계를 정하여 도달할 수 있도록 계단식 계획을 세워서 갈 수 있도록 질문을 통해 돕는다.

계단식 계획을 통한 효능감의 경험으로 자신의 계획에 대한 책임감의 힘이 채워진다.

스마트폰에 대한 질문으로 지금 놓친 책임감에 대한 인식을 도울 수 있다.

"이렇게 오랜 시간 스마트폰을 보며 네가 놓치는 것은 무엇일까?"

## 05

## '좋아요'가 없으면 우울한 아이
_진짜 무대를 꿈꾼다_주체적인 삶

### ✦ "'좋아요'가 없으면 제 가치가 떨어지는 거잖아요."

초등학교 5학년 여학생 E를 만났다. 밝고 유쾌하며 의사 표현이 명확하다.

스마트폰으로 틱톡과 SNS를 주로 사용하면서 부모님과 갈등이 생긴다. 자신이 춤추는 영상에 남겨지는 '좋아요'의 피드백을 보면 유명인이 된 것 같아 기분이 좋아진다. 그래서 연예인이 꿈이 되었고 사람들에게 자신의 끼를 보여 주는 연습을 하기 위해 틱톡을 활용한다. 학교나 센터에서는 친구들이 영상을 찍어 준다. 집에서 혼자 늦은 시간까지 영상을 찍다 보면 부모님에게 혼나며 갈등이 생긴다. 맞벌이하시는 부모님은 거의 늦은 시간에 귀가하신다. 그래서 하교 후 남동생을 챙겨서 학원과 센터에 간다. 저녁까지 챙겨서 먹을 때가 많다. 부모님은 '네가 누나이니 동생을 잘 챙겨야 한다.'라고 당부하신다. 그런 부모님이 스마트폰을 하는 자신에게 잔소리하면 두 손으로 귀를 막는다. 부모님의 잔소리를 들은 날은 새벽까지 친구들과 대화하거나 SNS

를 하며 스트레스를 푼다. 이렇게 스마트폰은 자신의 일상에서 떼어 놓을 수 없는 필수품이라며 장난스러운 표정으로 두 손으로 스마트폰을 늘어 올린다.

선생님: 틱톡으로 영상을 찍는 이유를 말해 줄 수 있어?

E 학생: 틱톡을 하면 많은 사람이 저의 춤을 볼 수 있거든요. 그리고 사람의 반응도 바로 받고, '좋아요'가 많은 날은 TV 프로그램에서 1등 한 것처럼 기분이 너무 좋아요.

선생님: 많은 사람들에게 주목받으며 잘했다 인정받는 것이 좋아서 틱톡을 하는 거구나.

E 학생: 네, 저는 사람들이 저에게 주목하는 것이 좋아요. 그러면 제가 특별해지는 기분이 들면서 들떠요.

선생님: 그럼, 틱톡에 '좋아요'가 없거나 줄어들면 어때?

E 학생: 아악! 그러면 안 되죠. 저의 가치가 떨어지는 거잖아요!

선생님: 그래? 가치가 떨어진다고 생각하는 거야? 가치가 떨어진다는 것이 어떤 뜻인지 좀 더 자세하게 말해 줄 수 있니?

E 학생: 나를 몰라주는 거요. 박수를 쳐 주지 않는 것과 같은 거죠. 저는 열심히 했는데….

선생님: 그러면 기분이 어떤지 말해 줄 수 있어?

E학생: 아무것도 하기 싫고 재미있는 것도 없어요. 뭘 해야 할지 모르겠고.

선생님: 그렇구나. '좋아요'의 반응이 우리 E에겐 엄청난 환호성이구나.

E 학생: 네, 맞아요. 시험을 못 보거나 기분이 좋지 않을 때 '좋아요'가 많으면 모든 것이 괜찮아져요.

선생님: 그럼 틱톡의 반응 말고 우리 E에게 힘과 격려가 되는 것은 무엇일까? 말해 줄 수 있어?

E 학생: 음…. 친구들이 잘한다고 할 때, 친구들을 도와주고 고맙다는 말을 들을 때. 아! 친구들이 말다툼할 때 제가 거의 해결해 줘요. 그럴 때도 기분이 좋고 힘이 나요.

선생님: 오~ 주로 친구들에게 도움을 주고 돌아오는 반응들이 우리 E에겐 힘이 되는구나. 친구들의 다툼은 어떻게 해결해 주는지 말해 줄 수 있니?

E 학생: 네. 그거야 싸우는 아이들의 말을 다 들어 봐요. 그리고 주변에서 함께 보고 있었던 아이들 얘기도 들어 보고 너는 이러이러해서 잘못했고, 너는 이러이러하면 되겠네. 이렇게요.

선생님: 이야! 훌륭한데! 거의 변호사 같은데?

E 학생: 맞아요. 그래서 저 예전엔 변호사 되는 것이 꿈이었어요. 그런데 엄마가 제 실력으론 어림도 없대요.

선생님: 그래? 변호사가 꿈이었어? 변호사가 꿈이 된 건 어떤 이유일까?

E 학생: 다른 사람을 도와주면 뿌듯하잖아요. 저는 말하는 것도 좋아하고요. 그래서 변호사가 되려고 했는데 연예인으로 바꿨어요. 연예인이 되어도 다른 사람에게 즐거움을 줄 수 있잖아요.

선생님: 그러고 보니 우리 E는 진짜 말을 조리 있게 전달을 잘하네. 친구들의 말을 잘 듣고 상황을 잘 이해해서 문제 해결해 주는 것에 뿌듯함을 느끼는구나. 그런데 엄마의 반응으로 꿈을 바꾼 거야?

E 학생: 네, 변호사는 공부를 잘해야 하는데, 솔직히 전 공부를 좋아하지도 않고 잘하지도 않아서요. 엄마 말이 맞는 것 같았어요.

선생님: 우리 E는 어때? 넌 무엇을 하고 싶어? 넌 무엇을 더 잘하는 것 같아?

E 학생: 음… 저는 솔직히 도와줄 때가 더 기분이 좋아요. 춤을 추고 받는 즐거움보다 누군가를 도와주고 느끼는 뿌듯함이 더 오래가고 기뻐요. 그리고 계속 기억하게 돼요. 그래서 변호사가 되고 싶긴 해요.

선생님: 아! 그래! E는 누군가를 도와줄 때의 기쁨이 더 크다는 것을 스스로 알고 있구나!

누군가를 도와주고 찾아오는 기쁨은 자신에 대한 뿌듯함에서 출발한다.
  자기 자신에 대한 감탄과 감동으로 뿌듯함을 느낀다. 이러한 경험이 많으면 주체적인 삶을 살아갈 수 있다.
  E는 자신의 가치와 행복의 조건을 타인에게 두며 주체적인 생활을 하지 못하고 있었다.
  정신과 형제 의사인 양재진, 양재웅 씨가 유튜브 채널을 통해 말했다.

"인간이 관심받고 싶은 것은 본능이다. 이것이 너무 심해지면 문제가 되는 것이다. 나의 관심 성향이 좀 크다는 것을 인정하고 받아들이면 잘 지나갈 수 있다. 그러기 위해 관심 성향이 무엇으로 인해 커지게 되었는지 찾아 보는 것도 중요하다."

E는 동생을 챙기며 부모님에게 고마움의 표현이나 칭찬을 들은 기억이 없다고 했다.

누나로서 당연하다고 생각했다. 하지만 E도 초등학생이다. 하교 후 동생을 챙기며 생활하기는 쉬운 일이 아니다. 가끔은 짜증 나고 힘들 때도 있다. 친구들과의 놀이에 가지 못하는 경우는 더욱 화가 난다. 그러한 자신의 희생과 도움에 대한 부모님의 칭찬과 고마움의 표현이 필요했다.

E는 틱톡의 '좋아요'를 통해서 자신의 애씀에 대한 인정과 관심을 채우려 했다.

감사하게도 E는 타인에게 도움을 줌으로 인해 스스로 뿌듯함을 느끼고 그 기쁨이 오래가는 것을 알아차렸다. 그 경험의 기억들이 차곡차곡 쌓여 E의 주체적인 생활의 균형을 도와주기 위해 '나뿌감 일기'를 쓰는 미션을 주었다. 하루 중 자신에게 뿌듯한 감동을 느낀 내용이나 상황을 기록하는 일기이다.

기분의 주도권이 누구에게 있냐를 생각해야 한다. 내 기분을 타인에 의해 결정하지 말고 스스로 기분을 결정하여 인생의 주체가 되어야 한다.

지금 우리 아이는 어느 중심으로 가고 있는지 살펴보아야 한다. 타인 중심으로 기울었는지, 주제적인 나 중심으로 기울었는지 아이의 감정과 표현을 살펴보고 균형을 잡도록 도와주어야 한다. 그럼에도 불구하고 감당하고 해내는 상황에서는 아이에게 충분한 고마움과 칭찬과 격려를 해 주어야 균형을 잡을 수 있다.

100점을 받으면 새로운 스마트폰을 받을 수 있다는 것을 바라고 열심히 했지만, 그보다 최선의 성실과 노력을 한 자신을 먼저 뿌듯해하고 자랑스러워할 수 있도록 격려와 지지를 아끼지 않아야 한다. 설사 그 목표를 성취하지 못했더라도 최선을 다한 자신을 느낄 수 있도록 말이다. 스마트폰이나 타인의 반응에 의존하는 것이 아닌, 자신에 대한 신뢰에 의존할 수 있는 아이로 행복할 수 있도록 도와주어야 한다.

"오늘 하루 중 네 자신이 자랑스럽고 뿌듯했던 순간을 말해 줄 수 있어?"

## 5-1 나뿌감 일기

　나뿌감 일기는 나 스스로에게 뿌듯함을 느끼며 감동하는 순간을 기록하는 일기다. 이러한 사실의 경험이 쌓이게 되면 자신에 대한 신뢰의 힘이 생긴다. 즉, 다양한 상황이나 관계에서 자신이 바라고 기대하는 결과나 피드백을 받지 못해도 높아진 회복탄력성으로 인해 도약의 발판으로 삼고 일어날 수 있다. 기록하고자 하는 상황에 대한 전반전인 내용을 먼저 기록한다.

　기록하며 정리된 내용 중 뿌듯함을 느낀 부분을 좀 더 상세하게 적는다. 그렇게 뿌듯한 감동을 느낀 자신에게 고마움과 기특함 등의 감정을 표현하는 글을 쓴다.

| 날짜 | 2025년 ○○월 ○○일<br>날씨: 보슬보슬 소리가 들리는 비가 내린다. |
|---|---|
| | **(쓰기 예시)** |
| 나에게<br>일어난 일 | 오늘은 게임 1시간을 할 수 있는 주말이다. 친구들과 함께 팀을 만들어 롤 게임을 했다. 우리 팀이 지다가 마지막 판에서 드디어 이겼다. 너무나 흥분되고 기분이 좋았다. 하지만 약속한 1시간이 다 되었다. 친구들이 마지막 한 판만 더 하고 끝내자고 해서 갈등을 했다. 미련이 계속 남아 한 번 더 하고 싶었지만 게임 시간을 정한 것도 나 자신과의 약속이니 지키고 싶은 마음이 생겼다. 친구들에게 다음에 다시 하자고 말하고 게임을 정리했다. |
| 뿌듯함을<br>느낀 부분 | 게임을 한 번 더 하면 우리 팀이 또 이길 수 있을 것 같아서 갈등을 많이 했다. 친구들과 한 팀이 되어 이긴 즐거움도 좋지만 나 자신과의 약속을 지키며 내가 나를 소중히 대하는 기분이 들어서 뿌듯했다. |
| 감동 표현하기 | 나 자신과의 약속을 소중히 여기며 지켜 준 내가 정말 기특해.<br>오늘 좀 멋있었어! |

# 폰 의존? 폰 독립!

_자기 인식을 통한 자기 조절 능력을 돕는 독서 활동 코칭

  스마트폰 과의존이란 과도한 스마트폰 이용으로 스마트폰에 대한 현저성이 증가하고, 이용 조절력이 감소하여 문제적 결과를 경험하는 상태를 말한다.

  현저성은 개인의 삶에서 스마트폰을 이용하는 생활의 패턴이 다른 행태보다 두드러지고 가장 중요한 활동이 되는 것이다.

  조절 실패는 이용자의 주관적 목표 대비 스마트폰 이용에 대한 자율적 조절 능력이 떨어지는 현상을 말한다.

  문제적 결과로는 스마트폰 이용으로 인해 신체적·심리적·사회적으로 부정적인 결과를 경험함에도 불구하고 계속하여 스마트폰을 이용하는 것이다.

  이러한 문제적 결과나 과의존의 원인이 '자기 조절 능력'의 결핍에 의한 것으로 과학기술정보통신부 실태조사에서 확인할 수 있다.

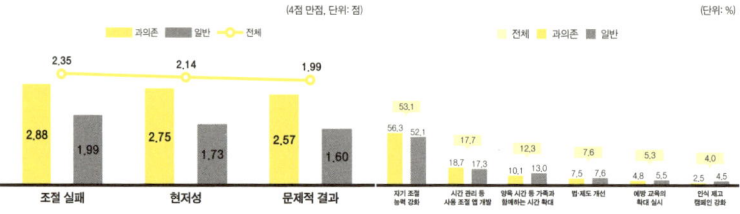

〈2022 스마트폰 과의존 실태조사, 과학기술정보통신부〉

자기 조절 능력은 전두엽이 담당한다.

아주대학교병원 정신과 조선미 교수는 EBS 〈3분 부모 교실〉 방송을 통해서 한 베스트셀러 책의 한 챕터에 "자기 제어 능력이 지능보다 중요하다."라고 쓰여 있다며 자기 조절 능력에 대한 짧은 강의를 했다.

전두엽은 다른 뇌보다 천천히 발달하고 성장하여 사춘기까지 개발된다고 한다. 전두엽과 전전두엽은 계획을 세우고 스스로 동기를 부여하는 기능이 있다. 이는 전두엽의 도파민의 역할이다.

전두엽의 도파민에는 두 종류가 있다. 하나는 장기 목표 달성을 위해 하고 싶은 것을 참아 내는 인내심 또는 절제할 때 생성되는 도파민이다. 이 도파민은 감정과 사고를 종합하여 대립하는 생각들을 조율하고 우선순위대로 판단하고 결정하는 기능을 한다. 이는 자율적으로 목표를 설정하고 목표 달성에 방해가 되는 요인을 억제한다.

또 다른 도파민의 종류는 즉각적인 욕망과 쾌락이 충족될 때 생성된다. 스마트폰으로 순간의 만족에만 뇌를 사용하면 계획하고 실행하며 인내하는 힘이 약해진다.

도파민은 두 종류 중 하나에 편향되기 시작하면 다른 쪽은 퇴화된다. 그러니 자기 조절 능력을 키울 수 있는 도파민의 역할이 주도될 수 있도록 아이들을 도와주어야 한다.

과제를 하면서 계속 한숨을 쉬며 짜증을 내는 아이가 있다.
"지금 네가 무엇을 하고 싶어서 이렇게 숙제에 집중을 못하는 거니?"
"다른 친구들은 같이 게임하는데 저는 할 수 없잖아요."
"아, 친구들과 같이 게임하고 싶은 거구나? 알겠어. 그럼 친구들과 같이 게임하려면 어떻게 해야 할지 엄마랑 얘기해 보자. 친구들은 몇 시에 게임을 시작하니?"
"저녁 7시부터 8시까지 한대요."
"그래? 지금이 몇 시지?"
"5시요."
"그면 너는 몇 시까지 숙제를 끝내고 엄마에게 확인받을 수 있니?"
"6시까지는 끝낼 수 있어요."
"그래, 그럼 6시에 끝내고 20분 동안 숙제 확인하자. 그러면 될까?"

이렇게 아이가 원하는 것을 확인하고 그것을 위한 구체적인 계획을 함께 세운다. 그리고 계획한 시간 동안 과제에 집중하게 된다. 목표를 위한 실천에 집중하는 시간을 통해 자기 조절 능력이 키워진다.

목표 성취를 위해 실천에 집중하며 발휘하는 인내심과 절제의 힘이 자기 조절 능력이다.

여러 논문을 통해 그림책(독서) 활동이 자기 조절 능력에 영향을 미친다는 것을 확인할 수 있다. 자기 조절 능력이란 자신이 원하는 목적을 위해서 행동, 동기 및 주의, 정서 등을 통제하는 능력으로 타인의 마음을 이해하고 타인과의 갈등을 효과적으로 해결하는 정서, 사회 발달의 기초 능력이라 할 수 있다(김성현, 배윤미, 2016). 또한 그림책을 활용한 활동의 횟수가 늘어날수록 상호 작용을 통해 자신의 감정, 욕구, 행동을 조절하는 모습을 보였다.

이러한 결과는 그림책을 활용한 토의 활동이 자기 조절 능력에 영향을 미친 연구(한우실, 김승희, 2018) 결과와 맥을 같이하였다.

그림책 《슈퍼 거북》(유설화 글, 책읽는곰)을 활용해서 '거북이가 정말 원하는 것은 무엇일까?'의 주제로 이야기를 나누었다. 아이들은 서로의 의견을 듣고 자기 생각을 표현하며 '거북이'가 정말 원하는 것이 무엇이며 그것을 위해 어떻게 했는지 알아차렸다.

단순히 토끼를 이기는 것이 목적이 아니라 '거북이' 존재로 인정받고 거북이답게 살아가기를 원하는 자신을 스스로 깨닫는 것이 우선되어야 함을 이야기했다. 그렇게 원하는 삶을 위해서 '용기'와 '결단'이 필요함을 알아차렸다.

이렇게 생각의 시야를 넓힌 아이들은 지금 자신의 삶을 관찰하며 진정으로 원하는 것이 무엇이며 그 목표를 위해서 우선시되어야 하는 자신의 선택과 용기를 확인하고 계획하는 시간을 가졌다.

이러한 그림책 활동을 통해 등장인물의 감정에 공감한다. 등장인물이 바람과 목적을 위해 감정과 행동을 어떻게 조절하는지, 그리고 조절하지 못했을 경우에 대한 질문과 생각을 나눈다. 이러한 과정을 통해 자신의 감정과 행동을 조절해야 하는 이유와 방향을 생각하며 변화를 위한 용기와 힘을 기를 수 있다.

그림책을 통한 상호 작용은 자신과 비슷한 또래가 겪는 갈등과 문제 해결 과정을 간접 경험하면서 문제 해결 능력을 기를 수 있으며 다양한 문화와 지식을 통해 사고의 폭을 넓힐 수 있는 기회도 가질 수 있다. 이러한 과정을 통해서 자기 조절의 기회를 가질 수 있었던 것으로 사료된다(진주희, 김민진, 2016).

이러한 과정과 기능을 독서 코칭을 통해서 길러 준다.

책 속 주인공과 스토리를 통해 자기 자신을 바라보고 생각할 수 있는 코칭 대화로 돕기 때문이다. 책 활동이 자신과 문제 상황을 바라볼 수 있게 도와주는 거울 역할을 한다.

책을 읽으며 마음에 와닿는 장면이나 문장이 자신을 바라볼 수 있게 돕는 셀프 미러(Self mirror) 역할을 하는 것이다. 이를 통해 자신의 감정과 생각에 온전히 집중할 수 있다.

이러한 과정은 자기 조절 능력의 기능을 하는 전두엽의 발달을 돕는다.

독서 활동 코칭의 질문을 통해 아이들이 자신의 감정과 생각을 확인하고 문제로부터 원하는 목표를 확인한다. 목표를 위한 실천 계획을 코칭 질문을 통해 구체적으로 세우도록 돕는다. 격려와 지지가 있는 상호 작용의 피드백으로 목표를 바라보고 실천에 집중할 수 있도록 돕는 과정을 통해 자기 조절 능력이 더욱 향상된다. 독서 활동이 마중물 역할을 하는 것이다.

스마트폰 쉼 프로젝트 독서 활동 코칭 첫 시간에 어떤 과정을 통해서 참여하게 되었는지 소개하는 시간을 가졌다.

"스마트폰을 많이 봐서 왔어요."
"선생님이 가라고 해서 왔어요." 등 단순한 사실만 표현한다.
독서 코칭 후 아이들의 소감을 보면 조금씩 달라진 표현이 있다.

"그림책 주인공이 어떤 선택을 할지 궁금해요."
"내가 왜 그렇게 스마트폰을 많이 보는지 이유를 알게 되어 기분이 좋아요."
"스마트폰을 보는 나의 진짜 마음을 알게 되어 마음이 편해졌어요."
"기분이 좋지 않을 때 마음을 편하게 할 수 있는 방법을 알게 되어 좋아요."
"앞으로는 스마트폰이 하고 싶으면 친구들과 운동장에서 축구할 생각부터 할 거예요." 등 자신의 생각과 감정을 표현한다. 이러한 표현을 한다는 것은 아이들이 전두엽을 활용하고 있다는 증거이다. 그래서 독서 활동 코칭 후 꼭 아이들의 소감을 서로 발표하고 나눈다.

'한국독서치료학회'에서는 다음과 같이 정의한다.

유아를 비롯해 노인에 이르기까지 발달적 혹은 임상적 문제를 가진 내담자가 다양한 장르의 책을 접하게 되면서, 스스로 직면하기 어려웠던 문제들을 상담자와 개인 혹은 집단으로 만나 다루어 보고, 상호작용을 통해 문제 상황에 대한 적응과 성장 및 당면 문제 해결에 도움을 받는 것이다.

독서 활동 코칭(MAKER 독서 코칭)은 책과 코칭 질문 대화로 아이들과 친밀하게 어울리는 것이다. 이 어울림을 통해 아이들이 자신의 마음을 볼 수 있는 감정과 생각을 찾을 수 있도록 돕는다.

이는 자기표현의 힘과 자기 조절 능력을 성장시킨다. 이 성장은 스마트폰으로부터 독립을 선포하며 자기다움의 행복한 생활을 시작할 수 있도록 돕는다.

## 07

# 스마트폰 과의존 상태 검사와 전국 스마트폰 쉼 센터

다음은 스마트 쉼 센터에서 확인할 수 있는 스마트폰 과의존 척도 검사이다.

다음 문항을 읽어 보고 해당하는 곳에 체크하여 종합 점수로 자신의 사용자군을 확인해 보자. 척도에 대한 해설 부분도 확인해 볼 수 있다.

> 1점-전혀 그렇지 않다. 2점-그렇지 않다.
> 3점-그렇다. 4점-매우 그렇다

**스마트폰 과의존 척도**
**(청소년 만 10~19세 자기보고용)**

\* 유아동, 성인, 고연령층용 과의존 척도는 홈페이지를 확인하세요.
(www.iapc.or.kr)

| 번호 | 항목 | 전혀 그렇지 않다 | 그렇지 않다 | 그렇다 | 매우 그렇다 |
|---|---|---|---|---|---|
| 1 | 스마트폰 이용 시간을 줄이려 할 때마다 실패한다. | ① | ② | ③ | ④ |
| 2 | 스마트폰 이용 시간을 조절하는 것이 어렵다. | ① | ② | ③ | ④ |
| 3 | 적절한 스마트폰 이용 시간을 지키는 것이 어렵다. | ① | ② | ③ | ④ |
| 4 | 스마트폰이 옆에 있으면 다른 일에 집중하기 어렵다. | ① | ② | ③ | ④ |
| 5 | 스마트폰 생각이 머리에서 떠나지 않는다. | ① | ② | ③ | ④ |
| 6 | 스마트폰을 이용하고 싶은 충동을 강하게 느낀다. | ① | ② | ③ | ④ |
| 7 | 스마트폰 이용 때문에 건강에 문제가 생긴 적이 있다. | ① | ② | ③ | ④ |
| 8 | 스마트폰 이용 때문에 가족과 심하게 다툰 적이 있다. | ① | ② | ③ | ④ |
| 9 | 스마트폰 이용 때문에 친구 혹은 동료, 사회적 관계에서 심한 갈등을 경험한 적이 있다. | ① | ② | ③ | ④ |
| 10 | 스마트폰 때문에 업무(학업 혹은 직업 등) 수행에 어려움이 있다. | ① | ② | ③ | ④ |
| | 점수 합계 | | | | |

## 스마트폰 과의존 척도 결과 및 해석

| 채점방법 | 요인별 | 1요인 조절 실패<br>2요인 현저성<br>3요인 문제적 결과 | :문항 1~3번 합계<br>:문항 4~6번 합계<br>:문항 7~10번 합계 |
|---|---|---|---|
| 결과 및 해석 | 과의존<br>위험군 | 고위험<br>사용자군 | 총점 ▶ 31점 이상<br><br>스마트폰을 손에서 놓지 못한다. 스마트폰을 통해서 맺는 관계에만 몰두하며, 실제 생활에서 맺는 관계(부모, 친구, 교사 등)에는 소홀해지고 갈등을 많이 만드는 편이다. 스마트폰을 사용하다가 주변 사람들에게 혼나거나 잔소리를 들을 때가 많지만 신경 쓰지 않고 계속해서 스마트폰을 사용한다. 스마트폰을 통해 자신의 욕구를 성취하고자 갈망하며, 이로 인해 새로운 앱을 자주 다운받거나, 모든 활동에 스마트폰을 많이 사용한다. 스마트폰 사용 문제로 인해 학교생활에도 지장을 주고, 학업에도 영향을 받을 수 있다.<br><br>▷ 스마트폰 과의존 경향성이 매우 높으므로 관련 기관의 전문적인 지원과 도움이 요청된다. |

| | | |
|---|---|---|
| 결과 및 해석 | 과의존 위험군 | 잠재적 위험 사용자군 |

총점 ▶ 30점 이하 ~ 23점 이상

스마트폰 사용을 조절하려고 노력은 하지만 잘 안 될 때가 많은 편이다. 실제 생활에서의 친구들도 있지만 스마트폰에서 만나는 친구들도 좋아하고 이런 관계에도 몰두하는 편이다. 스마트폰을 사용하면서 주변 사람들에게 잔소리를 들으면 그만두기도 하지만 곧 다시 스마트폰을 사용하게 된다. 스마트폰이 자신의 욕구를 성취하는 통로 중 하나가 되기도 하고, 학교생활에 어느 정도 영향을 줄 가능성이 있다.

▷ 스마트폰 과의존 위험을 깨닫고 스스로 조절하고 계획적으로 사용하도록 노력한다. 스마트폰 과의존에 대한 주의가 요망된다.

총점 ▶ 22점 이하

일반 사용자군

스마트폰을 적절하게 조절하면서 사용하고 있다. 스마트폰에서 만나는 친구들이 있을 때도 있지만, 실제 생활에서 만나는 친구들에게 더 관심을 가진다. 스마트폰을 사용하다가도 가족이나 친구들과 있을 때에는 사용을 중지할 수 있다. 자신이 원하는 것이 있으면 스마트폰을 통해서보다는 직접 생활에서 그러한 것들을 성취하는 편이다. 학교생활에도 큰 영향을 주지 않는다.

▷ 스마트폰을 건전하게 활용하기 위해 지속적으로 자기 점검을 한다.

(연구보고 2013-21 〈스마트폰 중독 청소년 개인상담 매뉴얼〉 참조)

## 전국 스마트쉼센터

| 지역 | 기관명 | 주소 | 전화번호 |
|---|---|---|---|
| 서울 | 서울스마트쉼센터 | 서울특별시 중구 청계천로 14(무교동 77) 한국지능정보사회진흥원 지하 1층 | 02-756-0075 |
| 인천 | 인천스마트쉼센터 | 인천광역시 미추홀구 석정로 229(도화동 1000) JST제물포스마트타운 12층 | 032-725-3230 |
| 대전 | 대전스마트쉼센터 | 대전광역시 서구 둔산로 100(둔산동 1420) 대전시청 4층 | 042-270-3223 |
| 대구 | 대구스마트쉼센터 | 대구광역시 북구 연암로 40(산격동 1445-3) 대구시청별관 102동 1층 | 053-768-7978 |
| 울산 | 울산스마트쉼센터 | 울산광역시 남구 중앙로 153(신정동 661-1) 괴하빌딩 2층 | 052-256-5234 |
| 부산 | 부산스마트쉼센터 | 부산광역시 해운대구 센텀동로 41(우동 1475) 센텀벤처타운 4층 403호 | 051-744-7517 |
| 광주 | 광주스마트쉼센터 | 광주광역시 서구 내방로 111(치평동 1200) 광주광역시청 3층 | 062-613-5790 |
| 경기 남부 | 경기남부스마트쉼센터 | 경기도 수원시 팔달구 효원로 308번길 34(인계동 1129) 경기도여성비전센터 3층 | 031-8008-8044 |
| 경기 북부 | 경기북부스마트쉼센터 | 경기도 의정부시 범골로 137(의정부동 510, 구.경기북부여성비전센터) 경기도일자리재단 | 031-836-8805 |
| 강원 | 강원스마트쉼센터 | 강원특별자치도 춘천시 중앙로 1(봉의동 15) 강원도청 내 청사관리동 2층 | 033-249-3075 |

| | | | |
|---|---|---|---|
| 충북 | 충북스마트쉼센터 | 충청북도 청주시 청원구 오창읍 각리1길 7(각리 641-1) 충북과학기술혁신원 401호 | 043-211-8275 |
| 충남 | 충남스마트쉼센터 | 충청남도 홍성군 홍북읍 충남대로 21(신경리 538) 충남도청 별관 207호 | 041-635-5834 |
| 전북 | 전북스마트쉼센터 | 전북특별자치도 전주시 완산구 현무2길 25(경원동3가 14-6) 전북정보산업지원센터 1층 | 063-288-8495 |
| 전남 | 전남스마트쉼센터 | 전라남도 여수시 봉강2길 27(봉강동 158) IT교육센터 1층 | 061-642-1971 |
| 경북 | 경북스마트쉼센터 | 경상북도 포항시 북구 삼호로25번길 21(덕수동 42-3) | 054-242-0076 |
| 경남 | 경남스마트쉼센터 | 경상남도 창원시 성산구 용지로 248(용호동 5-1) 경남연구원 102호 | 055-281-7333 |
| 제주 | 제주스마트쉼센터 | 제주특별자치도 제주시 연삼로 473(이도이동 390) 경제통상진흥원 | 064-723-2670 |
| 세종 | 세종스마트쉼센터 | 세종특별자치시 한누리대로 2107(보람동 631-4) 보람종합복지센터 1층 | 044-300-2471 |

## 2장

# 스마트폰에 빠진 마음
# 보기 위한 준비 자세

NLP

## 01
# 가르치는 부담이 아닌 친밀한 관계

> ✦ **"책을 읽고 무언가를 가르쳐야 한다는 것이
> 너무 부담스러워요."**

독서 교육 연수를 하면 공통으로 나오는 힘겨움들이 있다.

"저도 책을 좋아하지 않는데 어떻게 아이들에게 책을 읽으라고 하죠?"
"책을 읽고 아이들에게 무언가를 가르쳐야 한다는 것이 너무 부담스러워요."
"책을 읽고 아이들에게 어떻게 질문을 해야 할지 모르겠어요."

이러한 힘겨움과 부담은 누구나 가지고 있을 것이다.
나도 책을 편식(?)하는 경향이 있지만 책을 통해 누리는 많은 장점들을 아이들과 나누고 싶어 독서 교육을 시작했다.
연수를 할 때 자주 인용하는 동화가 있다.
루이스 세뿔베다의 동화 《갈매기에게 나는 법을 가르쳐준 고양이》에는 갈매기를 양육하고 날 수 있도록 도와주는 고양이가 있다.

고양이는 엄마 갈매기의 부탁으로 새끼 갈매기를 정성스럽게 양육한다. 어느 날 갈매기가 더 이상 고양이처럼 살 수 없다는 것을 깨닫고 새끼 갈매기에게 나는 법을 가르쳐 주기 위해 다양한 시도를 한다.

거센 비와 바람이 부는 산꼭대기에서 겁에 질려 울먹이는 새끼 갈매기에게 고양이는 말한다.

"너는 살아가면서 많은 것들 때문에 행복을 느낄 거야. 어떤 때는 물이라는 것이, 어떤 때는 바람이라고 하는 것이, 또 어떤 때는 태양이라고 부르는 것이 바로 그런 것들이란다.

그런데 이 모든 것들은 비가 내린 다음에 찾아오는 것들이지. 일종의 보상처럼 말이야.

그러니 자, 이제 비를 온몸으로 느껴 봐. 날개를 쫙 펴고서 말이지."

고양이의 설득에 새끼 갈매기는 거센 빗속을 날았다.
자기 스스로 날아오르는 갈매기를 보며 고양이는 말한다.

"새끼 갈매기는 중요한 사실을 깨달은 거예요. 오직 날려고 노력하는 자만이 날 수 있다는 사실이죠."

백과사전의 지식과 전문가의 조언으로 새끼 갈매기가 날 수 있도록 돕지만 새끼 갈매기는 날려고 하지 않았다. 그래도 고양이들은 새끼 갈매기가 자신이 얼마나 날고 싶어 하는지 스스로 인지하고 의지를 표현할 때까지 기다려 주었다.

이 기다림이 새끼 갈매기를 날 수 있도록 했다.

### ✦ 주체를 '부모'나 '교사'에서 '아이'에게로

부담은 '내'가 주체가 되어 잘해야 한다는 압박감과 높은 기대에 의한 감정이다.

아이들과 책을 통해 나누는 과정에서 우리의 역할은 책을 소개하고, 책을 함께 읽으며 작가를 소개하고, 내용 이야기를 나누며 '자신'을 만날 수 있게 돕는 질문을 하는 것이다.

그 속에서 느끼고 깨닫는 것은 우리 아이들의 몫이다.

낯선 곳을 여행하다 길이 헷갈릴 때 어느 곳으로 가야 할지 물어볼 때가 있다.

"조금 올라가서 오른쪽 길로 가면 표지판이 보일 거예요."

그 안내에 감사하며 길을 가는 것은 여행자의 몫이다. 길을 안내해 준 사람은 안내하는 것만으로 그 몫을 다한 것이다.

코칭을 진행하며 '책'이라는 도구를 활용하는 것은 각자의 생각과 마음을 열어 주는 역할을 돕기 때문이다. 책 속의 이야기와 그림을 통해 공감받는 순간도 있고 관점의 전환을 할 수 있는 순간도 있다. 그 순간 우리는 공감이 무엇인지, 관점이 무엇인지, 지금의 생각과 판단은 옳은 것이고 잘못된 것인지 가르쳐 주는 것이 아니라 다만 그러한 것을 생각할 수 있도록 질문을 통해 돕는 것이다.

"지금 나에게 힘을 주는 문장은 어떤 부분이야?"

"그렇게 느낀 이유가 무엇인지 말해 줄 수 있니?"

"지금 아기 갈매기의 마음과 비슷한 경험이 있니?"

"그럼 나도 아기 갈매기처럼 정말 내가 원하는 것인데 깨닫지 못하고 있는 것이 있을까?"

"아기 갈매기가 날 수 있도록 격려해 주는 고양이와 같은 존재가 나에게는 누구일까?"

아이 스스로 생각하고 기억하여 자신의 가능성과 존재 가치를 드러낼 수 있도록 돕는다.

활동의 주체가 '아이'임을 기억하면 부담의 짐이 덜할 수 있을 것이다.

### ✦ '아이'들의 가능성이 표현되도록 친밀함으로 돕는 위치

같은 장면, 같은 문장에서도 각자가 느끼고 깨닫는 바가 다르다는 것을 앎으로 인해 아이들은 세상의 넓고 깊음을 조금씩 알아 간다. 그 큰 세상 속에 유일한 존재인 '나'의 가치를 인식한다는 것은 정말 가슴 설레는 일이다.

새끼 갈매기가 자신이 정말 날고 싶어 하는 '갈매기'라는 사실을 알아차린 순간처럼 말이다. 그 순간 새끼 갈매기는 날개를 힘껏 펼쳐 날아오르기 시작한다.

## 자신의 진짜 마음을 안다는 것은 엄청난 힘을 발휘한다.

아이들이 생활에서 느끼는 감정과 생각들의 이면에 어떠한 마음을 채우고 싶은 것인지 조금씩 알아 간다면 우리 아이들도 새끼 갈매기처럼 자신의 세상을 거뜬히 날아오를 수 있을 것이다.

그것을 돕기 위해 책을 통해 생각하고 감동하고 표현하고 깨달을 수 있도록 질문으로 돋움판 역할을 하는 것이다. 뜀틀을 잘 넘어가기 위해 밟고 뛰어오르는 돋움판 역할을 책과 코칭 대화의 질문으로 하는 것이다.

그 과정에서 우리가 가져야 하는 부담감은 친밀함을 품고 있는 사랑이다.

"너를 고양이처럼 만든다는 생각은 추호도 없었단다. 우리들은 그냥 너를 사랑하는 거야. … 우리와 같은 존재들을 받아들이고 사랑한다는 것은 아주 쉬운 일이야. 하지만 다른 존재를 사랑하고 인정한다는 것은 쉬운 일이 아니지. 그런데 너를 그것을 깨닫게 했어.

너는 갈매기야. … 너는 하늘을 날아야 해. … 네가 날 수 있을 때, 너는 진정한 행복을 느낄 수 있을 거야."

새끼 갈매기의 존재 가치를 존중하며 사랑한 고양이는 새끼 갈매기가 갈매기로 살아갈 수 있도록 사랑으로 돕는다. 자신이 갈매기로 살고 싶고, 그래서 날고 싶어 함을 인지할 수 있도록 말이다. 다른 갈매기들의 멋진 모험담을 들려주기도 하고, 갈매기들이 날아가는 모습을 직접 보여 주기도 하면서 끊임없이 새끼 갈매기가 스스로 인지하고 표현할 수 있도록 돕는다.

  우리는 책 활동 코칭 대화의 질문을 통해 아이들의 내면에 자리하고 있는 가능성이 표현될 수 있도록 친밀한 사랑으로 믿고 인내하며 돕는 자의 위치에서 함께하면 된다.

# 그런 마음이 있었구나
_긍정 의도 알아주기

빅토르 위고의 《레 미제라블》의 책으로 독서 활동 코칭을 진행했을 때 이야기다.

장발장이 빵을 훔치는 상황과 장면에서 아이들과 '문제' 이야기를 나누었다.

선생님: 지금 이 상황에서 무엇이 문제라고 생각하나요?
A 학생: 일을 해서 돈을 벌든가, 아니면 배가 고파서 그러니 빵을 좀 달라고 하면 되지, 왜 훔쳐. 훔치는 것은 나쁜 것이지.
B 학생: 돈을 벌 수가 없잖아. 전과자라고 일을 주지 않는데 어떡하니? 벌레 취급하는데 배고프다고 말하면 빵을 거저 주겠어? 가게 앞에 얼씬거리지 말라고 쫓아내기 바쁘지.
A 학생: 그럼 훔쳐야 된다는 거니?
C 학생: 그게 문제가 아니라, 아무도 이 사람이 왜 빵을 훔쳐야 하는지 알려고 하지 않은 것이 문제라고 생각해. 조카가 굶어서

죽기 직전이야. 이 아이를 살리기 위해서는 음식이 필요해. 그런데 아무도 장발장의 말을 듣지도 않고 들으려 하지도 않아. 그것이 문제야. 장발장은 조카를 살려야 했어. 그래서 빵을 훔친 거잖아.

이렇게 아이들은 '긍정 의도'에 대해 자연스럽게 알아 가기 시작했다. 행동을 일으킨 이면의 보이지 않는 실재하는 원인을 아이들이 보기 시작했다.

영화 〈기적〉에서도 아버지의 긍정 의도를 볼 수 있다.
준경의 어머니는 준경을 낳다가 돌아가신다. 누나는 준경의 트로피를 잡기 위해 몸을 내밀다 철로 아래 강으로 떨어져 죽게 된다. 준경은 어머니와 누나의 죽음이 자신의 탓이라 여기며 살아간다. 아버지도 자신을 탓함으로 인해 냉담하게 자신을 대한다고 여긴다. 우연히 준경이 이러한 힘겨운 마음으로 인해 꿈을 포기하려는 것을 알게 된 아버지는 속마음을 전한다.

"평생 후회하는 것이 두 가지야. 네 엄마가 너를 출산하려 한다고 전화 왔을 때 일한다고 바로 달려오지 못한 거야. 바로 오기만 했어도 네 엄마가 그렇게 죽지는 않았을 거야. 그리고 네가 상 받던 날 누나가 오라고 전화했는데 바빠서 못 가니 가려면 네가 가라고 했던 순간이야. 이렇게 내가 사랑하는 사람들이 떠나가니까 혹시 내가 준경이 너를 사랑하는 것이 드러나면 너까지 잃을까, 무서웠어. 그래서 그렇게 차갑고 냉담하게 널 대한 거란다."

이렇게 말하는 아버지와 아들은 한참을 운다.

사랑하는 아들을 곁에서 지키는 방법으로 사랑하는 것을 드러내지 않는 것이 최선이라 여긴 아버지의 긍정 의도를 알게 된 준경은 꿈을 지킨다.

좋지 않은 결과를 기대하며 선택하는 이는 없다. 즉, 그 당시 자신을 위한 가장 최선의 것을 선택한다. 혹독한 감옥살이를 하기 위해 빵을 훔친 것이 아니고 굶고 있는 조카를 살리기 위한 선택이다. 관계를 어렵게 하기 위한 것이 아니라 사랑하는 이를 지키기 위한 아버지가 할 수 있는 최선의 것을 선택한 것이다. 지금 상황을 위한 최선이라는 선택에는 선한 진심이 있다. 그것을 인정하고 깨닫는 시간이 필요하다. 그 시간은 나를 자세히 들여다볼 수 있는 돋보기 역할을 한다.

스마트폰을 하면 좋은 점이 무엇인가요? 게임을 하면 좋은 점은 무엇인가요?

"게임을 해서 이기면 기분이 좋아요."
"스마트폰을 보고 있으면 시험 걱정을 멈출 수 있어요."
"게임하면 혼자 있는 것이 무섭지 않아요."
"인스타그램에 '좋아요'가 많으면 제가 대단한 사람이 된 것 같아요."

"숙제할 때 도움을 받을 수 있어요." 등 각자의 필요와 감정들을 채우는 이유를 말했다.

그 이면에는 '잘하고 싶다.', '인정받고 싶다.', '불안에서 벗어나고 싶다.', '함께하고 싶다.', '칭찬받고 싶다.' 등의 긍정 의도가 표현된 선택들이다.

이러한 긍정 의도를 알아차리지 못해 부정 감정의 힘이 강해진다. 이 힘은 판단과 지적하는 순간 더 강해진다.

"또 게임하니?", "이제 그만해!", "그렇게 게임만 하니 뭐가 되겠니?"라는 판단과 지적의 표현은 부정 감정에 힘을 실어 주고, 자신의 마음속 긍정 의도를 생각하지 못하게 한다.

그러니 먼저 부정 감정을 수용하고 긍정 의도를 알아주는 시간이 필요하다. 그리고 긍정 의도에 합당한 선택을 하여 행동할 수 있도록 도와주어야 한다.

문제는 벌어진 상황이 아니라 그 원인에 있다.
결과만 계속 다그친다고 바뀌는 것은 없다. 그 결과가 나오기까지의 과정을 수정하고 새롭게 하여야 결과가 변한다.

### ✦ 네가 진짜 원하는 것이 뭐니?

질문을 통해 지금의 선택이 자신에게 어떤 긍정의 의도가 있는지 마음을 볼 수 있도록 도와줄 수 있다. 드러난 표층 메시지의 이면에 있는 심층 메시지를 알아차리도록 돕는 것이다. 심층 메시지는 긍정 의도를 가지고 있다. 그 긍정 의도를 표현하는 방법이 적절하지 못한 경우나 자신에게 해로운 경우가 있을 뿐이다.

선생님: 부모님이 퇴근하실 때까지 스마트폰을 보고 있으면 너에게 어떤 점이 좋은 거니?
학생: 무서운 것을 생각하지 않아서 좋아요.
선생님: 생각하는 무서운 것이 무엇인지 말해 줄 수 있어?
(한참을 주저하다 작은 목소리로 말한다.)
학생: 바퀴벌레요.
선생님: 바퀴벌레, 바퀴벌레가 무서운 거였구나.

공장 지대 주변에 집이 있는 이 학생은 초등학교 2학년이다.
늦은 시간 귀가하는 부모님을 오로지 혼자 기다려야 한다. 주변에 공장이 많아서인지 바퀴벌레가 많이 나온다고 한다. 초등학교 2학년 아이가 잡기에는 혐오스러운 벌레이다.
처음에 스마트폰을 늦은 시간까지 하는 이유가 '바퀴벌레'라고 했을 땐 의아하고 당황스러웠다. 이런 경우는 처음이었기 때문이다. 집단 코칭을 진행하던 터라 이 학생은 다른 친구들의 눈치를 많이 의식하며 아주 조용히 말했다.
이내 "선생님도 바퀴벌레 너무 무서워해! 선생님 집에도 바퀴벌레가 나오는데 막! 소리 지르고 펄쩍펄쩍하며 얼마나 무서워하는데! 우리 용감이(별칭)는 얼마나 무서웠겠어!"

학생: 네, 선생님, 너무 무서워요. 창문으로 날아서 들어왔을 때는 죽는 줄 알았어요.

(그 당시의 무서운 상황의 감정이 떠오르는 듯 흐르는 눈물을 닦으며 말했다.)

선생님: 얼마나 놀라고 무서웠을까. 그때도 혼자 있었니?

학생: 네.

선생님: 그때는 어떻게 했어?

학생: 소리 지르며 엄마 방으로 가서 문을 잠갔어요.

선생님: 이야! 용감한데! 선생님 같았으면 꼼짝도 못 했을 건데, 우리 용감이는 얼른 엄마 방으로 갈 용기가 있구나! 용감이가 진짜 원하는 것이 뭐야?

학생: 벌레가 우리 집에 들어오지 않는 거요.

그래서 이 학생은 벌레를 줄이는 방법에 대한 계획을 진행하며 부모님의 도움을 요청하기도 했다.

아이들이 스마트폰을 손에서 놓지 못하거나 사용 시간을 조절하지 못하는 것은 자신만의 긍정적인 의도가 있다. 우리는 선택할 때 자신의 긍정적인 의도에 따라 선택하고 행동한다.

그 긍정 의도가 잘못된 것이 아니라 그것을 위해 선택한 방법이 잘못된 경우가 있는 것이다. 그 방법에 대해 알려 주기 위해서 아이의 긍정적인 의도(심층 메시지)를 볼 수 있어야 한다.

정귀수의 《밀턴 에릭슨에게 NLP를 묻다》에서 표층 메시지 아래 담겨 있는 심층 메시지를 읽을 수 있어야 깊은 대화가 가능해진다고 한다.

대화 상대로부터 표층 메시지를 전달받으면 의식은 표층 메시지를 받아늘이고 해석하지만 무의식은 심층 메시지를 느낀다. 우리는 그 무의식을 의식하는 연습이 필요하다.

아이의 긍정 의도를 알아주면 아이는 억눌린 마음이 드러나고 확인됨으로 인해 굉장한 안심과 쾌락이 일어난다. 그로 인해 새로운 방법을 생각할 수 있게 된다.

아이가 스마트폰을 놓지 못하고 있으면 먼저 질문을 해 보자.

아이 스스로 자신의 긍정 의도를 알아차릴 수 있도록 질문으로 도와줄 수 있다.

"스마트폰을 하면 너에게 좋은 점이 뭐가 있니?"
"지금 이 순간 네가 진짜 원하는 것이 뭐니?"

## 03
# 나의 언어는 아이에게
# 어떤 지도를 그리고 있을까?

###  보물 지도

"'가을의 늦은 오후에는 산에 곰이 나타난단다.'

어릴 때 엄마가 한 말이다. 곰이 나올 리 없는 걸 알지만, 걸음을 재촉한다.

어릴 때 들은 말은 힘이 세다."

(영화 〈리틀포레스트〉 중)

어릴 때 들은 말들이 문득문득 떠올라 생각과 행동을 이끌 때가 많다. 순수하고 맑은 그때 마음에 심어 놓은 말들이 이제 자라서 거목이 된 것이다.

어릴 때 나에게도 심어 둔 말들이 많다.

"아이고~ 이뻐라~"

"우리 영아는 참 착해~"

"우리 영아는 부모님 말씀을 참 잘 들어."

그리고….

"귀영이처럼 예뻐야 미스코리아가 될 수 있어!"

초능학교 1학년 때 오미강 담임 선생님의 말씀으로 나는 미스코리아를 꿈꾸게 되었다.

나는 당연히 미스코리아가 되어야 한다고 생각했다. 매일 저녁 엄마의 긴 치마를 입고 엄마의 목걸이를 왕관으로 삼아 머리에 얹은 채 먼지떨이를 봉으로 들고 워킹 연습을 했다. 미스코리아 TV 프로도 한 번도 빠지지 않고 보았다. 소감으로 무엇을 말할지 늘 고민하며 연습했다.

하지만 어느 순간 미스코리아가 되지 못함을 알았다. 무엇보다 키가 자라 주지 못했고, 나 혼자의 노력으로만 완성되는 단순한 과정이 아님을 알게 되었다.

그럼에도 불구하고 나는 여전히 꿈꾼다. 내가 키만 자랐다면 어쩜 정말 미스코리아가 되었을 줄 모른다고 말이다. 이루지 못한 꿈이지만 항상 미소가 지어지는 행복한 나의 꿈이다.

어릴 때 듣는 말들은 나를 엄청 가능성 있는 존재로 보게 한다.

무수한 현상들에 대해 고정 관념을 가지게도 한다. 일찌감치 나를 포기하게도 한다.

나보다 큰 어른들의 권위와 사랑과 힘이 담긴 말들은 작고 여린 마음에 엄청난 큰 힘을 발휘한다. 아직도 미스코리아 꿈 이야기를 아이들과 나누는 것을 보면 말이다. 아마 손주들에게도 말할 것 같다. 할머니의 꿈은 미스코리아였다고….

나의 어여쁨을 기억하고 볼 수 있도록 인도해 주는 이 '지도'는 평생 간직하는 보물 지도다.

여러분도 지금 생각하면 미소 지어지고 뿌듯한 감정이나 행복한 감정으로 인도해 주는 보물 지도가 있으시죠? 찾으셨나요?

### ✦ 업그레이드가 필요한 지도

초등학교 6학년 운동회 하던 날이었다. 반별 100m 달리기가 끝난 우리는 전체 율동을 위해 의상을 갈아입어야 했다. 교실로 올라갔지만 문이 잠겨 있었다. 6학년 전체 율동 준비하라는 방송을 듣고 우리는 더욱 초조해졌다. 담임 선생님도 찾을 수 없고 열쇠가 어디 있는지 아무도 모르는 상황이었다. 나는 용기를 내어 복도 쪽에 있는 창문 고리 부분을 툭 쳐 보았다. 다행히 잠근 고리가 빠져서 창문을 열 수 있었다. 창문을 여는 순간 아이들의 환호성으로 인해 영웅이 된 기분이 들었다. 의상을 갈아입고 운동장 집합 장소에 갔을 때 담임 선생님이 굳은 표정으로 다가오셨다.

"너희들 말도 없이 어디 갔다 온 거야?"
"교실에서 의상 입고 왔습니다."
반장이 당당하게 말했다.
"선생님 허락도 없이 어디를 갔다 와. 교실이 열려 있었어? 주번이 누구야?"

"선생님을 찾을 수 없었습니다. 교실 문이 잠겨 있어서 귀영이가 창문을 열어 주어 그곳으로 들어가서 갈아입었습니다."

"정귀영, 너 나와! 어디 선생님 허락도 없이 잠긴 창문을 열어! 네가 도둑이야?"

호명에 앞으로 나간 나는 선생님의 큰 손으로 양 뺨을 맞았다.

운동장의 아이들 환호성 소리와 신나는 음악 소리가 분명히 들리는데 만화 영화 〈이상한 나라의 폴〉의 한 장면처럼 우리 반 모두가 순간 멈추어진 느낌이 들었다. 아이들은 나에게 미안해했고 나는 그런 아이들 앞에서 너무 창피하고 수치스러웠다. 애써 아무렇지도 않은 듯 담담하게 행동했지만 지금 생각하면 차라리 울어 버릴 걸 그랬다. 올라오는 울음을 참는 힘겨운 마음이 아직도 느껴진다.

그런 경험을 한 후 누군가를 위한 일에 주저하며 여러 번 생각하게 되었다.

습관처럼 "~해도 될까요?"를 묻는다. 이 물음이 나쁜 것은 아니지만 묻지 않아도 될 상황에도 묻고 확인하는 나를 깨닫고 의아해했던 기억이 생생하다. 그때의 일에서 기인했나 싶어 짠하기도 했다.

독일 출생의 미국 정신분석학자인 에릭 에디슨(Erik Erikson, 1902~1994)은 인간 형성을 문화, 사회와 관련지어 설명했다. 그리하여 심리사회발달이론 8단계를 통해 발달 과업의 특징과 위기 그리고 중요한 사회적 대상과 환경을 확인할 수 있다.

에릭슨의 심리사회발달이론 단계 기준에서 나의 초등학교 6학년 시기는 7~12세의 4단계인 근면성vs열등감(유능성)의 발달 과업과 위기를 획득하게 된다.

자아 성장의 결정적 시기라고도 하는 이 시기는 자기 자신, 자기 존재에 대해서 성장시키고 싶은 욕구가 강해지는 시기이다. 자기 성장 기준을 정하여 '이 정도는 할 수 있어.'라는 평가를 스스로 가진다. 자신에게 유리하지 않고 재미있지 않은 상황이라도 자신의 성장을 위해서 해야 한다는 동기가 생겨 행동하는 시기다. 그리하여 자신의 노력이 선생님이나 친구들에게 인정받고 이쁨과 도움받기에 어려움이 없으면 근면성의 발달 과업을 통해 유능성을 획득하게 된다. 그래서 이 시기의 선생님과 또래와의 관계와 환경이 중요하다.

이러한 시기에 또래 앞에서 선생님에게 질타를 들은 나는 자기 불신과 낮아진 자신감으로 유능성 개발과 발달이 미약했던 것으로 여겨진다. 이렇게 만들어진 마음의 지도는 내 생각과 의견보다 상대방의 확인과 허락이 더 중요하다고 여기며 자기 자신에 대한 신뢰가 낮았다.

그러나 우울과 수치스러움을 기억하게 하는 이 지도는 이제 피식 웃으며 말할 수 있는 에피소드가 되었다. 창피함과 수치스러운 느낌으로 가득 찬 이 기억을 '대범한 용기를 가진 나'를 볼 수 있는 지도로 업그레이드했기 때문이다. 이는 친구들과 선생님의 '초점'에서 문제 해결을 위해 대범하게 주도한 '용기 있는 나'로 초점을 바꾸어 상황을 재해석하여 의미를 부여했기 때문이다.

**어떻게 생각하느냐가 어떤 경험을 하느냐를 만들어 낸다.**

## 지도를 새롭게 하는 전제

NLP의 전제 중 '경험은 구조를 가지고 있다.'를 통해 '지도는 영토가 아니다.'의 전제를 증명한다. 경험에 의해 가진 부정적인 구조를 긍정적인 구조로 변경하여 내 안의 마음의 지도를 변경할 수 있기 때문이다.

스티브 안드레아스와 찰스 폴크너의 《NLP 무한성취의 법칙》에서는 NLP가 제시하는 전제는 꼭 그것이 옳다고 증명되어서가 아니라 이 전제를 믿을 때 더 많은 선택과 기회를 가질 수 있기에 옳다고 가정하는 것이라고 말한다.

창피함과 수치스러움의 부정 감정의 지도에 묻혀 있던 '용기'와 '도전'이라는 자원을 나 자신을 뿌듯하게 여기는 긍정 감정의 지도로 업그레이드하여 탁월함을 발현하기 위한 자원으로 사용할 수 있게 되었다.

**오늘 나는 나의 아들들에게, 또 만나는 아이들에게 어떤 언어를 심어 주고 있을까?**

우리는 언어를 통하여 대화한다. 언어는 말로 표현하는 것뿐 아니라 태도와 표정 행동 등의 비언어를 포함한다. 이러한 언어를 통해 상호작용하며 생각하고 감정을 만든다.

긍정적인 언어는 긍정적인 감정과 생각을 만들고 부정적인 언어는 부정적인 생각과 감정을 만든다. 그 생각과 감정은 마음에 그려져 아이들이 세상으로 나아가는 지도가 된다.

나의 언어를 통해 아이가 무엇을 느끼고 무엇을 그리고 있을까?

아이 입장이 되어서 말하는 나를 바라보며 질문한다.

"너는 아이에게 무엇이 되고 싶은 거니?"

우리의 언어가 아이들의 마음에 어떤 지도를 만들고 있는지 볼 수 있는 마음의 힘이 필요하다. 그 힘은 나 자신의 마음 상태 관리가 되어야 가능하다. 이러한 마음은 아이의 부정적인 지도를 업그레이드할 수 있는 새로운 관점을 보는 힘을 가지고 있다.

우리의 마음에 그려진 부정적인 지도를 업그레이드하는 NLP 기법을 소개한다.
나에게 혹은 아이에게 적용하여 경험의 구조를 변경하여 긍정적인 지도를 만들 수 있는 경험을 할 수 있도록 도울 것이다.

## 영화 음악

일상에서 못마땅하여 기분이 좋지 않은 상황의 언짢은 기분을 변화하는 간단한 기술이다.

눈을 감고 시작해 보자.

### 1. 문제 상황을 동영상처럼 떠올려 보자.

일상에서 기분이 좋지 않았던 상황을 떠올려 보자. 어떤 장면과 소리가 들리는지 집중하여 보자. 그리고 그 장면들을 영화처럼 상영되는 것을 보며 느껴지는 감정을 느껴 보자.

### 2. 주제 음악을 선택하자.

이제는 상영되는 영화를 보며 느껴지는 느낌과 전혀 반대되는 음악을 선정해 보자.

일상의 좋지 않은 기억으로 상영되는 영화는 기분이 좋지 않고 어쩌면 심각하고 무거울 수 있다. 그에 비해 선택한 음악은 유쾌하고, 흥겹고 가벼운 음악이어야 한다. 들으면 저절로 미소 지어지고 몸도 흔들흔들 춤을 출 것같이 기분이 좋아지는 음악이다. 이 음악을 충분히 느껴 보자.

### 3. 영화에 선택한 음악을 재생하여 보자.

이제 처음 선택한 영화에 음악을 재생하여 다시 보자. 음악 소리를 크게 하여 끝까지 들어 보자.

**4. 변화를 확인하자.**

이제 영화를 음악 없이 다시 재생해 보자. 그리고 자신의 반응에 어떤 변화가 있는지 확인해 보자. 느낌의 변화가 있는가? 영화 내용과 어울리지 않는 음악으로 인해 영상을 보는 순간 어이없거나 우스꽝스럽고 장난 같기도 할 것이다. 그래서 처음의 부정 감정이 사라지거나 약소된 것을 느낄 수 있다.

> 04

# 사실과 의미 구분하여 의미 재구성하기

앞 장에서 소개한 《갈매기에게 나는 법을 가르쳐준 고양이》에서 새끼 갈매기가 자신이 갈매기라는 사실을 알고 받아들이는 과정의 이야기를 통해 사실과 의미를 어떻게 구분하고 해석하느냐에 따라 생각과 감정이 변화하는 것을 알 수 있다.

"착각하지 마세요. 저는 새가 아니고 고양이라서 항상 깨끗해요."
"너는 다리가 두 개고, 고양이들은 다리가 네 개지. 너는 깃털이 있지만 고양이들은 털이 없지. 그리고 꼬리는 어떠니? 응, 한번 볼래? 너, 꼬리가 있니, 없니? 네가 그런 고양이들과 같이 책을 읽으며 얘기하고 지내다니, 너도 미친 게 틀림없어. 세상에, 이럴 수가! 어쩜 이런 일이! 정신 나간 새로군! 고양이들이 왜 너를 그렇게 귀여워하고 응석을 받아 주는지 알고 싶지 않니? … 네가 토실토실하게 살이 찌면 잡아먹으려고 기다리는 거야. 네 몸통은 물론 깃털까지도 남기지 않고 단숨에 먹어 치울걸!"

침팬지의 말에 새끼 갈매기는 겁에 질린 채 숨어 버린다.

지금까지 당당했던 새끼 갈매기는 어떻게 하여 한순간에 겁을 먹고 고양이들을 피하는 것일까?

침팬지의 말 중 어떤 부분이 아기 갈매기의 생각과 감정을 변화시킨 것일까?

새끼 갈매기는 침팬지의 말을 듣기 전 이미 자신이 고양이와 다르다는 것을 알고 있었다.

다리와 깃털과 꼬리의 차이점은 사실이다. 이 사실은 새끼 갈매기의 생각과 마음에 아무런 영향을 끼치지 못했다. 하지만 침팬지가 언어로 표현한 사실에 대한 의미(해석)와 감정은 새끼 갈매기의 생각과 감정에 영향을 끼쳤다.

"고양이들이 왜 너를 그렇게 귀여워하고 응석을 받아 주는지 알고 싶지?"

이 부분부터 새끼 갈매기는 침팬지가 가진 부정적인 의미와 감정을 고스란히 전달받는다. 그로 인해 고양이에 대한 공포와 두려움으로 숨어 버린다. 하지만 엄마 고양이의 말에 용기를 내어 밖으로 나온다.

"넌 갈매기란다. 그건 침팬지의 말이 옳아. 그러나 아포르뚜나다, 우리 고양이들은 모두 너를 사랑한단다. 너는 아주 이쁜 갈매기지. 그래서 우리는 너를 더욱 사랑한단다.

그러나 너는 우리와는 달라. 하지만 네가 우리와 다르다는 사실이 우리를 기쁘게도 하지. 우리는 불행하게도 네 엄마를 도와줄 수가 없었어. 그렇지만 너는 도와줄 수 있단다."

이렇게 이어지는 고양이의 긍정적인 의미는 새끼 갈매기의 마음을 긍정적으로 변화시켜 용기를 가지게 한다. 긍정적인 의미를 담는 감정과 생각은 긍정적인 마음을 이루고 부정적인 의미를 담는 생각과 감정은 부정적인 마음을 이룬다. 엄마 고양이는 새끼 갈매기를 보살피는 사실과 그 의미에 대한 해석을 긍정적이고 힘을 주는 표현의 언어로 전달함으로 인해 새끼 갈매기의 감정과 생각이 변화할 수 있었다.

마음속에 있는 생각과 감정은 언어를 통해 전달되는 의미(해석)에 의해 움직인다.

여기서 언어는 비언어(표정, 행동)까지 포함한다.

우리가 사용하는 언어를 통해 어떤 의미(해석)와 감정 그리고 욕구와 생각이 전달될까?

아이가 숨고 싶게 하는 의미의 표현이 전달되고 있을까?

숨어 있는 아이가 용기 내어 다시 일어설 수 있게 하는 의미의 표현이 전달되고 있을까?

이 자리가 어디로 가기 위한 과정인지 볼 수 있어야 가기 위한 실천

동기가 발현하여 행동할 수 있다. 결과를 변화시키고 싶다면 먼저 그것을 일으키는 생각과 감정을 변화시켜야 한다. 그 생각과 감정의 변화는 언어를 통해 가능하다.

고양이들이 새끼 갈매기를 돌보는 이유가 통통하게 만들어 잡아먹기 위해서라는 침팬지의 해석은 새끼 갈매기를 얼음(Ice)으로 만들었다. 자신이 누구이며 무엇을 해야 하는지에 대한 생각과 고민을 모조리 얼어붙게 만들어 더 나아가지 못하게 했다. 온통 자신을 힘들게 하고 고통을 주는 생각들로 가득하게 된다. 결국 '나는 왜 태어났나.', '엄마는 왜 나를 낳았나.'로 귀결하여 어떤 의미도 만들지 못하고 있었다.

그러나 엄마 고양이의 새로운 관점의 해석으로 자신이 갈매기로 살아야 하는 이유를 깨닫고 날 수 있는 용기를 낸다.

1장에서 소개한 아이들 상당수가 매일 부정적인 말을 듣는다.

"또 게임하니?"
"너 그래서 뭐가 되려고 그러니?"
"네 인생 네가 알아서 해라, 모르겠다."
"너 하는 거 봐라. 좋은 소리 듣게 생겼니?"
"내가 너 때문에 너무 힘들다, 힘들어."

이러한 부정 감정의 언어들을 듣는다. 이러한 말에 아이들은 '나는 할 수 있는 것이 없어.', '나는 부모님을 힘들게 하는 아이구나.', '부모님도 나에게 관심을 가지지 않아.' 등의 부정적 생각과 감정으로 불안과 두려움의 톱니바퀴를 돌린다.

아이들에게 부정 감정의 언어로 말하는 것을 잠시 멈추고, 사실에 대해 우리는 어떤 의미를 부여하여 말하고 있는지 확인할 필요가 있다.

### 성적이 떨어졌는데 게임 때문인 것 같아요

이와 같은 맥락에서 문제를 어떻게 해결할 수 있을까요?

"게임을 삭제하고 게임 못 하게 해야 합니다."
"스마트폰 데이터 사용을 제한하세요."
"목표와 계획을 세워서 실천할 수 있도록 계속 지도하세요."

이러한 방법은 게임으로 인해 성적이 떨어졌다는 사실을 전제로 내린 결론이다.

게임으로 인해 성적이 떨어진 것이 사실일까요?

여기서 사실과 의미를 구분하면 '성적이 떨어졌다.'라는 것은 사실이다. 그러나 '게임 때문인 것 같아요.'는 엄마의 주관적 의미이다.

사실과 의미를 하나의 것으로 받아들여 '게임하면 성적이 떨어진다.'라는 맥락이 만들어진 것이다.

이렇게 사실이 아닌 것에서 해답을 찾으면 또다시 오류에 빠진다.

사실과 의미를 구분하면 '사실'에만 집중할 수 있다.

'성적이 떨어졌다.'라는 사실, 즉 표층 메시지 뒤에 있는 심층 메시지에 관심을 가진다.

### ✦ 성적이 떨어진 이유와 상황은 무엇일까?

친구 관계의 문제가 있는지, 학습의 어려움이 있는지 정말 스마트폰 자체의 원인이 있는지 등 현재 어떠한 상황으로부터 회피하기 위해 스마트폰을 잡고 있는지의 심층 메시지를 볼 수 있어야 한다.

'이 아이가 어떤 문제로 인해 성적이 떨어진 것일까?'라는 의미를 부여하여 접근할 수 있다. 아이의 행동 그 사실에만 집중하여 관찰해 보면 새로운 해결 방법을 찾을 수 있다.

"밤새 게임을 하는 걸 보니 게임 중독인 것 같아요."라고 하기 전에 "이 아이는 무엇으로 인해 그렇게 게임을 많이 하는 걸까?"같이 사실 중심으로 관찰하며 질문하는 것이 우선이다.

# 나의 상태 관리는 내가 할 수 있다

　대학교 시절 엄마가 운영하시는 유치원에서 아르바이트를 했다. 하루는 차량 운행이 되지 않아 걸어서 아이를 데려다주었다. 아이를 데려다주고 혼자 골목길을 걸어 나오는데 어느 집 2층 계단에서 파트라슈같이 덩치 큰 개가 나를 보고 있었다.
　그날따라 골목에 아무도 없었다. 순간 '으르렁' 하는 소리가 들리는 듯하여 빠른 걸음으로 걷기 시작할 때, 어머! 웬일인가! 그 큰 개가 펄쩍 뛰어 내려와 마구 짖으며 나를 향해 달려오는 것이 아닌가! 너무나 무서운 공포에 "사람 살려요!" 소리를 질러도 아무도 나오지 않았다. 있는 힘껏 달렸는데 그 개도 있는 힘껏 달렸다.
　달리다 어느 집 대문이 열려 있는 것을 보고 얼른 들어가 문을 닫았다. 그 큰 개는 대문 앞에서 계속 '으르렁'대며 짖기 시작했다. 그렇게 얼마나 지났을까? 그 개의 주인이 왔다.
　개줄이 풀린 줄 몰랐다며 미안하다는 사과를 하고 돌아갔다. 그 개가 사라진 것을 확인한 후 다리가 풀려 주저앉고 말았다.
　한참을 앉아 있다 겨우 일어나 집으로 갔다. 그 뒤 그 골목은 두 번 다시 지나가지 않았다. 그리고 모든 개가 무서워 피해 다녔다. 개의 크기는 상관없다. 개를 보는 순간 진땀이 나고 몸이 굳는 느낌이다.

그러다 20대 후반에 시츄 강아지를 선물받았다. 극구 사양했지만 소용없었다. 손바닥만 한 강아지는 나를 졸졸 따라다녔다. 처음으로 나의 발을 핥았을 땐 집이 떠나갈 듯 소리를 질렀다. 그렇게 조심스러운 시간을 보내며 강아지를 만지고 먹이를 주는 과정에서 강아지에 대한 공포는 사라졌다.

시츄 강아지와의 새로운 경험이 개에 대한 공포심에서 자유롭게 해 주었다.

사람마다 '개'라는 단어를 접하면 떠오르는 장면과 감정이 다르다. 나는 '개'라는 단어만 떠올리면 그 골목에서 도망가는 나를 쫓아오는 큰 개가 자동으로 떠오른다. 그 경험으로 인해 '큰 개는 두렵고 무서운 존재'로 인식되어 그때의 공포심과 두려움이 느껴진다. 하지만 시츄 강아지를 통해 작은 개에 대한 경계심은 사라졌다.

우리의 뇌는 경험을 통해 비슷한 상황에 대한 반응을 결정하기 위해 내부 시스템을 구조화한다.

인지 치료의 엘리스와 벡은 이러한 뇌의 경험에 대한 구조화 과정을 '자동적 사고'라고 했다. 상황에 대한 기억을 대뇌피질에 저장하고 일반화, 왜곡, 생략의 작용을 통해 의미를 부여한 감정을 편도체에 저장하는 구조화 과정을 통해 자동적 사고를 만든다. 이런 구조화로 인해 예전에 경험한 것과 비슷한 상황이나 단어만 들어도 편도체의 감정이

다시 반응하여 예전과 비슷한 반응으로 대응하게 된다.

이 자동적 사고는 모든 상황에서 우리의 생각, 행동, 감정을 지휘한다.

그 힘은 주로 핵심 믿음(스키마)에 의해 움직이며 우리의 삶에서 부딪히는 상황을 어떻게 받아들일 것인지를 조절한다.

안타까운 것은 사람들 대부분이 의식적으로 이 시스템을 설정하지 않는다는 것이다.

이 시스템은 태어나서 지금까지의 부모, 친구, 선생님, 이제는 스마트폰과 같은 미디어 문화에 의해 구조화된다. 즉, 자동적 사고(구조화된 뇌 시스템)는 나와 세상과 미래를 인지하고 판단하고 결정하는 기준이 되는 핵심 믿음(스키마)에 의한 해설의 결과이다. 이 스키마는 핵심 정서적 욕구와 생애 초기 경험과 정서적 기질에 의해 형성된다.

여기에서 욕구는 Needs로 '필요'를 뜻한다. 이 욕구는 안정감, 안전감, 돌봄, 수용의 느낌을 주 양육자와의 관계와 환경을 통해 채워지는 것이다.

안정감은 변화무상하지 않고 예측 가능한 것에서 느껴지는 것이다. 돌봄과 수용은 무조건적 사랑에서 채워진다.

그러나 인간은 무조건적 사랑이 힘들다. 생각하는 동물이기 때문이다. 그래서 조건적인 사랑이 익숙한 우리는 자녀를 대할 때 또한 조건적인 사랑으로 대하는 경우가 많다.

자녀가 조건 사랑을 인지하게 되면 조건적인 자신감이 생기게 된다. 그리하여 그 조건에 합당하지 않는 자신에게 좌절하고 실망하며 자신을 탓하는 경우가 많다.

그래서 우리는 할 수 있는 한 힘을 다해 무조건적 사랑으로 아이들을 품어야 한다.

다만 이 세상을 풍요롭게 살 수 있도록 무엇이 옳고 그른 것인지 가르쳐 주고, 실패와 좌절은 배움의 의미로 해석할 수 있도록 수정하는 힘을 가르치고 도와야 한다.

부모님이나 선생님이 자신의 욕구와 그에 따른 바람을 알아차리며 도와주는 '내 편'이라는 믿음을 가지고 있는 '아이'는 자신의 존재 가치를 인정하는 것이 어렵지 않다.

우리도 생각과 감정을 가진 사람인지라 100% 아이의 마음과 생각과 감정을 단번에 알아차리는 것은 쉽지 않다. 그래서 질문이라는 소중한 도구가 있다.

"우리 아들 무슨 이유로 이렇게 오랫동안 게임하는지 말해 줄 수 있어?"
"스마트폰을 하면 어떤 점이 좋아?"
"어떤 상황일 때 스마트폰을 보게 되는 거야?"

궁금하고 알고 싶은 부분을 질문으로 대화하면 듣는 아이도 그 질문에 따라 생각하게 되고 자신의 바람을 찾게 되어 마음을 보게 된다.

게임 후 바로 질문하면 자신을 탓하거나 잔소리하는 것으로 착각하여 대화에 진전이 없을 수 있으니 시간차를 두고 질문으로 대화한다. 가능하다면 산책하며, 차분한 분위기의 카페나 집에서의 티타임도 좋다.

"되는 게 없잖아요! 나는 해도 안 되는데 어떡하라고요!"

"나 자신이 답답해요."

"내가 무엇을 할 수 있는지 모르겠어요."

"게임밖에 잘하는 것이 없는데 어떡해요!"

이러한 부정적 감정과 생각의 반응을 보이면 A-FROG 질문으로 부정적 상태에서 벗어나도록 도울 수 있다.

> 벡과 에머리(Beck & Emery, 1985)는 개인이 합리적으로 생각하고 있는가의 여부를 평가할 수 있는 사고의 준거인 인지 타당성 평가 5단계를 제시했다.
>
> A: Alive 나의 생각은 나를 생기 있게 하는가?
> F: Feel 나는 이러한 생각의 결과로 기분이 더 나아졌는가?
> R: Reality 나의 생각은 현실적인가?
> O: Others 나의 생각은 다른 사람과의 관계에 도움이 되는가?
> G: Goals 나의 생각은 나의 목표를 성취하는 데 도움이 되는가?

이와 같은 5단계의 질문을 통해 지금의 감정과 생각에 의한 나의 상태를 확인할 수 있다. 그리고 나를 생기 있게 하고 긍정적 감정과 현실적인 생각으로 다른 이와의 관계에 도움이 되는 상태로 변화할 수 있다.

"정말 게임 외엔 잘하는 것이 하나도 없니?"

"네가 해서 되는 것이 정말 하나도 없니?"

"지난 한 주 네가 시도해서 이룬 것은 무엇이지?"

"지난주 영어 단어 시험 한 번에 통과했잖니? 그것도 네가 이룬 성과야."

  이러한 자신의 긍정적 경험을 부정적 경험으로 전환하거나 격하하지 않도록 긍정적 측면에 초점을 맞출 수 있도록 도와주는 질문을 한다.
  생각의 전환을 할 수 있는 질문을 통해 자신의 상태를 긍정적으로 변화할 수 있도록 돕는다. 상황은 바꿀 수 없지만 그 상황에 부여하는 의미와 해석은 자신이 선택할 수 있다.
  의미와 해석을 새롭게 할 수 있도록 질문을 통해 도울 수 있다.
  질문은 생각을 만들고 생각은 감정의 방향을 정한다. 이렇게 생각과 감정은 '나' 스스로 선택하여 변화할 수 있기에 나의 상태는 내가 결정할 수 있다.

## 06

# 스마트폰에 과의존된 마음을
# 볼 수 있는 도구 NLP

진짜 마음을 알기 위해 NLP(Neuro Linguistic Programming)의 원리와 전제를 알아야 하는 이유는 무엇인가?

마음을 확인하고 새롭게 할 수 있는 원리를 바탕으로 다양한 질문의 유형이 가능하기 때문이다.

### ✦ 아이와 대화가 통하지 않아요!

학부모나 교사들을 만나면 빠지지 않고 나오는 주제가 '대화'이다.

말이 통하지 않는다고 하지만, 마음이 통하지 않는 것이다.

나는 '스마트폰 좀 그만 봐라.'라고 말하고, 아이는 '저도 좀 쉬는 거예요.'라고 반응한다.

바실리스 알렉사키스의 《너 왜 울어?》란 그림책 속 아이는 바깥 놀이를 잔뜩 기대하고 있다. 엄마는 피곤하고 힘들지만 '너'를 위해 나가주는 것이니 빨리빨리 준비하라고 독촉한다.

장화는 신었니? 앞을 똑바로 보고 걸어라. 모래에 엎드리지 말아라. 등 엄마의 부정문이 가득한 그림책이다. 아이의 대사는 하나도 없다. 아이의 모든 행동에 부정문이나 조건문으로 표현한다. 엄마는 아이의 표정은 보지 않고 행동만 보고 계속 지적을 한다.

결국, 아이는 운다.

너를 위해 이렇게 힘들어도 바깥 놀이도 다녀오고 빵도 사 줬는데 웃지는 않고 왜 우냐며 엄마의 짜증스러운 말투로 그림책은 끝난다.

아이가 어떤 마음으로 바깥 놀이를 하고 싶어 하고 무엇을 원하는지 엄마는 알려고 하지 않는다. 엄마의 판단과 추측으로 아이의 모든 것을 정의하고 있다.

답답하고 억울한 아이는 결국 울음으로 자신의 마음을 표현한다.

**우리 아이들은 어떤 마음으로 스마트폰을 보고 있는 것일까?**

행위에 초점을 두어 판단하기 전에 무엇에 의해 스마트폰을 보는 것인지 원인이 되는 마음에 초점을 두고 관찰할 필요가 있다.

한국융합학회 논문지 제10권 제5호의 〈스마트폰 중독 청소년의 중독원인에 대한 현상학적 분석〉(한상규, 김동태, 2019)에서 청소년의 스마트폰 중독의 원인을 4가지로 분석했다.

개인 심리적 요인으로 '꿈과 희망을 상실함', '우울하고 불안함', '외

롭고 심심함', '재미있게 놀고 싶은 욕구'로 나타났다. 부정적인 정서를 회피하기 위한 목적으로 스마트폰을 더 많이 사용하게 되면서 중독적 성향성을 증가시키게 된다.

행동 습관적 요인으로 '습관적이고 강박적인 사용', '시험과 공부 시간에 현실 도피함', '시간과 자기 관리가 어려움'으로 인한 것이다. 이러한 현상의 청소년들에게 자신만의 꿈과 희망을 찾아 주어 작은 목표부터 하나씩 실천하는 긍정적인 행동 습관을 갖게 도와준다면 스마트폰으로 현실 도피하는 증상이 아닌 자기 주도적 사용이 가능할 것이다.

사회 관계적 요인으로 '공부와 학교생활이 어려움', '가족들에게 스트레스 받음', '친구 관계가 어려움' 등으로 나타났다. 많은 교사와 부모들은 청소년들의 스마트폰 중독 문제를 해결하는 과정에서 지나친 통제와 간섭을 통해서 해결하려고 한다. 이것은 오히려 중독의 원인이 되는 스트레스를 유발하여 이를 해소하려는 과정에서 스마트폰에 더 의존하게 되는 악순환이 되었다. 따라서 교사·가족·친구 등 사회적 지지와 인간의 가장 기본 욕구인 사랑을 주고받는 원만한 관계적 욕구 충족이 필요할 것이다.

인터넷과 스마트폰 요인으로 '최신 스마트폰에 대한 기대', '인터넷 서핑의 매력에 빠짐', '가상 세계에서 대리 만족함'으로 확인되었다. 이는 현실 세계에 더 만족할 수 있는 대상을 찾아 주는 것으로 가상 세계에서의 대리 만족이나 동일시를 방지할 수 있을 것이다.

개인 심리적 요인에서는 부정적 감정을 다룸으로, 행동 습관적 요인에서는 목표를 실천하는 긍정적인 행동 습관을 통해 자기 효능감을 키움으로, 사회 관계적 요인에서는 친밀한 관계의 욕구 충족을 통해서, 스마트폰 자체의 요인에서는 재미와 의미와 자신의 탁월함을 발현할 수 있는 활동을 통해서 대처할 수 있다.

결국 스마트폰 과의존은 부정 감정으로부터 회피하는 형태임을 확인할 수 있다.

즉 친밀한 환경과 관계 속에서 목표를 실천하는 긍정적인 행동 습관을 통한 자기 효능감을 채움으로 인해 자신만의 재미와 의미와 탁월함을 누리며 부정적 감정을 변화시키면 과의존에서 자유로울 수 있다. 이 모든 대처의 기본 바탕이 '마음'이다.

학업에서의 스트레스로부터, 관계와 소통의 어려움에서 느끼는 '인정'에 대한 부재로 부정 감정들이 올라온다. 마음에서 올라오는 부정 감정을 알아주고 새롭게 하면 감정이 바뀌고 생각이 바뀌고 행동이 변화하게 된다.

NLP(Neuro Linguistic Programming)란 마음을 업그레이드(Up-grade)하여 새롭게 할 수 있는 기술이다. 컴퓨터를 사용하며 윈도우나 한글 HWP, 파워포인트 등 사용하는 프로그램을 새롭게 업그레이드하여 작업의 효율성을 높이는 것처럼 마음 또한 새롭게 업그레이드하여 삶을 행복하고 풍요롭게 누리도록 돕는다.

마음을 새롭게 하기 위해서는 먼저 '지금'의 '상황'에 대한 마음이 어떠한 생각과 감정으로 무엇을 원하고 있는지 인지하는 것이 변화의 준비이다.

NLP(Neuro Linguistic Programming)에서 마음은 생각과 감정으로 이루어진다고 확인한다. 생각과 마음은 언어의 영향을 받아 반응한다. 이 언어는 우리의 감각 기능을 통해 체득된 경험을 표현하는 것이다. 즉 경험에 대한 의미의 해석을 새로운 언어로 표현하면 그에 따라 감정과 생각의 전환이 될 수 있다.

감정은 언어가 없다. 다만 몸의 언어가 있을 뿐이다. 감정은 몸으로 표현된다. 어떤 일이나 관계에 대해 기대가 되고 설레면 미소가 지어지며 심장이 빨리 뛰고, 긴장하면 손에 땀이 나고, 화가 나면 인상이 찡그러지고 붉으락푸르락되며 열감이 느껴진다.

우리는 감정을 몸으로 느끼고 이러한 감정을 표현하기 위한 선택이 언어이다.

그러니 감정 언어가 변화되면 마음이 새롭게 된다.

초점 전환을 할 수 있는 질문을 통해 감정 언어를 새롭게 할 수 있다. 질문을 통해 방향을 전환하여 감정을 새롭게 하면 생각 또한 새롭게 되어 마음이 Up-grade된다.

이러한 과정으로 새로운 경험이 쌓이게 되는 것이다. 이렇게 언어를 통해서 의미와 해석을 새롭게 전달하여 감정과 생각의 새로운 경험의 인식 프로그램, 즉 마음을 업그레이드하는 것이 NLP(Neuro Linguistic Programming) 기술이다.

성경의 잠언에서도 '마음'을 중요시하는 내용이 있다.

"무릇 지킬만한 것보다 더욱 네 마음을 지키라"라고 하며 먼저 언급한 것이 "궤휼을 네 입에서 버리며 사곡을 네 입술에서 멀리하라" 하며 언어의 중요성을 강조한다.

**언어는 속에 있는 것, 즉 경험에 의해 마음에 담겨 있는 감정과 생각을 표현한 것이다.**

부정적이고 비합리적인 생각과 감정을 새로운 질문을 통해 변화된 감정과 생각을 경험함으로 인해 변화된 언어로 표현할 수 있다.

표면으로 드러난 언어에는 모두 이유와 과정이 있다. 나의 부정적 감정의 표현도 그것을 불러일으킨 상황과 만났기 때문이다.

상황과 관계에 대한 해석의 의미를 새롭게 하자.

진정으로 내가 원하는 욕구와 바람이 무엇인지를 찾아 보면 긍정적 해석과 의미를 만나게 된다. 그 의미를 전달하면 아이들은 생각의 초점이 변화된다.

"너 또 게임하니?"의 표현에서는 '게임만 하는 너'에 초점이 향한다. 하지만 우리의 진짜 바람은 아이가 계속 게임만 하는 것을 확인하고 싶은 것이 아니다. 게임을 멈추고 건강하게 놀고 밀린 과제와 공부를 하는 책임감 있는 생활을 하길 원한다. 그러나 이러한 부정적인 표현으로는 다툼과 분쟁 또는 단절의 결과와 더 가깝게 된다.

그러니 부정의 강도를 조금이라도 낮추어 표현하는 연습이 필요하다.

"오늘은 몇 시에 공부를 시작할 계획이야?"라고 부정의 강도를 조금이라도 낮추어 표현하게 되면 부정 감정으로 인한 나의 힘겨움도 덜고 아이는 '공부 시간'이라는 표현에 초점이 향해서 의식적으로 '공부 시간'에 대한 '생각'을 하게 된다.

또는 "네가 게임을 오래 하니 엄마 기분이 좀 언짢아지네. 잠시 엄마와 이야기 좀 나눌 수 있어?"라는 표현으로 부정의 강도를 조금 낮추어도 아이들은 자신이 아닌 '오랜 시간 게임을 한' 행동에 초점을 두고 생각하게 된다.

아이들이 부정적인 감정에서 회피하기 위해 스마트폰에 몰입되지 않도록 생각과 감정을 변화할 수 있는 질문으로 도울 수 있다.

힘겹게 공부하는 것과 갈등의 관계를 해결하는 것보다 스마트폰이나 게임에 몰입하는 것이 부정 감정으로부터 더 쉽게 자유로울 수 있다고 생각하고 있기 때문이다.

즉, 스마트폰 과의존은 아이들이 자신의 부정 감정을 바꿀 방법을 스마트폰과 게임의 방법만 가지고 있기 때문이다. 힘겹더라도 문제의 자리에 책임감 있는 태도로 임하며 그들의 가능성을 펼칠 미래를 바라볼 수 있도록 도와주는 것이 NLP(Neuro Linguistic Programming) 기술을 기반으로 한 코칭 질문 대화이다.

책임감 있는 지속적인 변화를 위한 방법으로는 원하고 기대하는 바에서 느끼고 싶은 경험에 더욱 가까이 몰입할 수 있도록 질문한다. 몰입하여 그 상황에서 보이는 것, 들리는 것, 느껴지는 것을 가득 느끼며 점점 키우면서 구조화할 수 있도록 질문 대화로 돕는다.

황농문은 《몰입》이란 책에서 우리가 어떠한 사람이 될 것인가를 결정하는 인자가 뇌의 신경전달물질인 시냅스라고 한다. 이 시냅스는 학습으로 이루어지고 변화되어 장기 기억이 된다. 이렇게 시냅스에 미친 학습의 결과가 한 인간의 인격을 구축하는 주된 역할을 한다. 이는 시냅스의 가소성의 특징 때문이다. 저자는 뇌과학에서 시냅스는 컴퓨터와 같은 능력을 가지고 있는 동시에 감정을 빚어내는 능력도 갖추고 있다고 했다.

그러니 게임이 재미있어지면 그 실력도 향상되는 것이다. 그러나 감사한 것은 시냅스의 가소성으로 인해 책 활동을 하기 시작하면 책 활동에 대한 시냅스가 발달하면서 게임에 대한 시냅스는 조금씩 소멸된다. 그로 인해 책 활동에 대한 흥미와 실력이 증가하게 되는 것이다. 즉 뇌의 시냅스의 가소성은 어떤 행동이나 생각을 하면 그 결과가 시냅스의 영구적인 변화로 나타나서 인격이 변화한다는 것이다. 시냅스를 바꿈으로 인해 변화할 수 있다는 것을 뇌과학으로 증명한 것이다.

그러니 시작하면 된다.

긍정 언어의 질문을 통해 우리 자신과 아이의 생각과 감정이 변화하는 경험으로 새로운 시냅스를 만들 수 있다. 그리고 그것을 유지할 수 있는 힘을 가진 욕구와 바라는 것에 대한 그림을 그릴 수 있도록 몰입 질문을 통해 구조화하도록 돕는다.

우리 스스로 의도적으로 생각과 감정을 새롭게 하여 자신의 시냅스를 만들고 확장할 수 있는 것이다. 이것을 돕는 도구가 NLP(Neuro Linguistic Programming) 원리를 활용한 코칭 대화 질문이다.

## 07

# 너는 세상을 어떻게 인식하고 있니?

같은 상황이지만 그 상황을 인식하고 지각하는 방식은 다들 다르다.

크리스마스 하면 어떤 이는 '캐럴'을 떠올리고, 또 어떤 이는 '산타 할아버지의 선물'을, '달콤한 케이크'를 떠올리거나 '아기 예수'를 떠올리며 '하나님의 사랑'을 생각하는 이들도 있다. 그 외 다양한 생각과 감정들을 표현할 것이다.

이렇듯 같은 상황이지만 그 상황을 청각으로, 시각으로, 미각으로, 촉각(신체 감각)으로 상황(경험)을 인식한다. 이렇게 정보를 인식하는 각자의 방법을 알고 그에 맞는 언어로 정보를 전달하면 '대화'가 잘 통하며 소통이 수월해진다.

각자가 선호하는 감각으로 상황을 인식하는 것을 '선호표상체계'라고 한다.

어느 초등학교 친구들과의 코칭을 진행하며 잠시 쉬는 시간 아이들의 대화를 통해 각자의 선호표상체계가 드러남을 확인할 수 있었다.

학생 1: 검은색 옷을 입고 카리스마가 있어 보이면 일진이야.

학생 2: 어떻게 검은색 옷만 입으면 일진이니? 우리 아빠도 검은색 옷 입고 카리스마 있어. 그럼 우리 아빠도 일진이야?

학생 1: 아니, 꼭 그런 건 아닌데 내가 주로 본 것이 그런 모습이거든. 그럼 너는 뭘 보고 일진이라고 하는데?

학생 2: 난, 자기 말을 듣지 않는다고 왕따 시키거나 학교에서도 선생님 말씀 듣지 않는 것이 일진이라고 생각해.

학생 3: 맞아, 그리고 담배를 피우거나 다른 친구를 때리고 괴롭히면 일진이야.

학생 4: 그리고 복도를 지나가며 왠지 싸~한 기분이 드는 언니들이나 오빠들 있잖아. 계속 나를 보는 듯한 느낌이 좀 무서울 때, 그런 기분을 들면 일진인 것 같아.

이렇게 '일진'이라는 단어에 대한 표현이 다양하다. 대표적으로 학생 1, 2, 3, 4로만 간략하게 표현했다.

학생 1은 시각 기능을 통해 정보를 받아들이고 있고, 학생 2는 청각 기능으로 정보를 주로 인식한다고 볼 수 있다. 학생 3은 신체 감각 기능을 통해 그리고 학생 4는 내부 언어 기능을 통해 정보를 주로 인식함을 예측할 수 있다.

이렇게 아이와 대화하며 평소 어떤 기능의 표현을 나타내는 단어나 술어를 사용하는지 관찰해 보자. 시각 기능을 주로 사용하는 아이는 시각적으로 보는 것에 대한 기억과 학습을 잘할 가능성이 높다. 이런 아이는 볼 수 있는 학습 자료를 활용하는 것이 좋다.

청각 기능을 통해 인식하는 아이에겐 책과 자료를 보는 것보다는 선생님에게 직접 상세한 설명을 듣거나 스스로 소리 내어 공부하는 것도 도움이 된다.

신체 감각 기능을 주로 활용하는 아이들은 직접 실험하거나 체험하는 현장 학습에 대한 기억을 잘할 것이다.

내부 언어 기능으로 인식하는 아이들은 속으로 생각하기를 편하게 생각하는 경향이 있다.

그래서 혼자 스스로 문제를 해결하려고 하고 이것이 이 아이들에겐 스트레스가 되는 경우가 있을 수 있다.

이러한 특징으로 인해 유사한 선호표상체계를 가진 사람들과는 소통이 잘된다고 느낀다. 그러니 우리 아이들을 먼저 관찰해 보고 어떤 선호표상체계로 정보를 받아들이며 표현하는지 확인하여 그 아이의 선호표상체계에 맞추어 질문과 대화를 하면 아이의 마음을 더 잘 알 수 있다.

다음은 각각의 선호표상체계에서 확인할 수 있는 단어와 술어이다.

나와 아이들은 어떤 감각 기능이 발달되어 있는지 확인해 보자.

| 선호 표상 | 시각형 | 청각형 | 신체 감각형 | 내부 언어형 |
|---|---|---|---|---|
| 주요 사용 단어 | 보다, 빛나다, 밝히다, 조사하다, 바라보다, 예시하다, 주목하다, 예상하다, 그림을 그리다, 노출되다, 확대하다, 축소하다, 나타내다, 흐릿하다, 예상하다, 마음에 그리다, 지켜보다, 텅 빈, 떠오르다, ~와 같이 보인다, 그림 같은 기억, 상상, 장면, 시각, 현란한, 눈에 비친, 대변하다, 마음의 눈 | 말하다, (소리) 울리다, 단조로운, 묻다, 울려 퍼지다, 들리다, 일러바치다, 조용한, 말솜씨, 묘사하다, 호통치다, 목소리, 말없는, 소문, 음향, 리듬, 경고하다, 가르치다, 시끄럽다, 얘기하다, 비평하다, 노래하다, 성내다, 숨은 메시지, 사실을 말하면, 수다스러운, 침묵, 조화롭다, 경청하는 자세, 말이 지나친 | 만지다, 다루다, 비비다, 접촉하다, 누르다, 차다, 거칠다, 일깨우다, 붙잡다, 쥐다, 만들다, 견고하다, 무겁다, 짜다, 쓰다, 어지럽다, 미끄럽다, 파악하다, 매달리다, 피부로 느끼다, 손에 땀을 쥐다, 예민한, 문지르다, 움직임, 간지럽다, 마음이 사라졌다, 바닥에서 시작한다, 구체적인 | 결정하다, 알다, 기억하다, 배우다, 숙고하다, 인정하다, 이해하다, 유의하다, 평가하다, 과정, 결정, 동기부여하다, 바꾸다, 의식적인, 고려하다, 생각하다, 회상하다, 변화하다, 학습하다, 인식하다, 의식하다, 질문하다 |

| 선호 표상 | 예시(옷 가게에서 옷을 고르는 상황) |
| --- | --- |
| 시각형 | 엄마, 이거 괜찮아 보이지? |
| 청각형 | 엄마가 알려 준 대로 골라 봤는데, 어때? |
| 신체 감각형 | 어때? 느낌이 괜찮지? |
| 내부 언어형 | 생각해 보고 결정할게요. |

3장

# 스마트폰에 푹! 빠진 마음 마주하기
### 감성 리더와의 코칭 대화로 마주하는 마음

## 01
## 아이들의 마음을 볼 수 있는 감성리더

감성지능(Emotional intelligence, EI)은 자신의 감정을 인식하고, 이해하고, 관리하고 효과적으로 표현하는 동시에 타인의 감정을 이해하고 영향을 미치는 능력이다. 감성지능을 지닌 리더는 자신의 강점과 감정을 인식한다. 즉 자신이 무엇을 왜 하는지를 이해한다.

1980년대에 처음으로 조직에 코칭을 연구하고 도입한 개척자이며 세계에서 가장 많이 사용되는 코칭 모델인 'GROW' 모델을 개발한 존 휘트모어는 "인식할 때 그 변화를 선택할 수 있다."라고 했다. 자기인식 능력이 있는 사람은 의식적으로 대응 방법을 찾기 위해 자신의 성향, 내적 장애 요소, 편향성을 인식한다. 이것은 잠재 능력을 발휘하는 데 장애가 되는 내적 요소를 극복하고 자기 관리 능력을 향상시킴으로 성과 향상을 낳는다고 했다. 이렇게 인식된 강점을 발휘하고 살면서 다른 사람에게 혜택을 주는 존재로 사는 것이다. 즉 타인을 인식하여 그들의 장점, 장애 요소, 동기 부여를 찾아 지지하고 격려하며 상호 책임으로 피드백을 한다. 이렇게 함께하는 이들과 협력하며 그들의 말을 경청하고 기능성과 강점을 향상시킨다. 이러한 감성리더에 의해 코칭 문화를 경험할 수 있다.

### 감성리더를 만나다, 중1 수학 선생님

중학교 1학년 때 수학의 음수와 양수의 개념이 충격이었다. 어떻게 음수가 있지? 음수인데 어떻게 더할 수 있지? 거기다 음수와 양수의 합과 차를 구하고 곱하고 나누라고? 도저히 이해되지 않았다. 수학 선생님은 그런 나의 눈빛을 읽으시고 말씀하셨다.

"귀영아, 이해하기 힘들고 복잡하지? 도저히 안 되면 교무실로 와. 선생님이 차근차근 설명해 줄게."

그렇게 떨리는 심장을 부여잡고 교과서를 들고 교무실에 갔다.
"선생님, 저는 음수 자체가 이해되지 않아요. 그리고 음수끼리 곱하는데 왜 양수가 돼요?"
그렇게 하루에 2~3번씩 빠짐없이 선생님을 찾아갔다.
선생님은 인상 한번 쓰시지 않고 짜증이나 화도 내지 않으셨다. 하나하나 내가 이해할 수 있는 단어와 친근한 화법으로 설명해 주셨다. 심지어 하교하던 나에게 "귀영아, 아까 설명했던 건 이제 이해가 되었니? 집 가서 풀어 보고 어려우면 내일 다시 와."라고 하셨다. 따로 문제집도 주시며 말이다. 그러한 선생님 덕분에 더 깊이 질문할 수 있었고 모른다는 것에 대한 부끄러움이 아니라 알아 간다는 자부심이 더욱 커졌다. 드디어 자유롭게 그 개념을 접하고 문제를 풀기 시작한 날 선생님은 간식을 챙겨 주시고, 머리를 쓰다듬으며 말씀하셨다.

"선생님은 귀영이가 결국 해낼 것이라 믿었어. 앞으로도 선생님은 대환영이니 언제든지 와! 정말 멋지다. 수고 많았어."

이러한 선생님의 영향으로 중학교 과정에서 수학은 늘 상위 점수를 유지했다. 수학의 높은 점수 유지의 비결은 선생님의 감성리더십 덕분이다. 여기서 내가 경험한 감성지능 경험을 각자 찾고 확인하는 시간을 가져 보자.

### 감성지능 경험 찾기

어린 시절 부모 외에 할머니, 할아버지, 선생님 등 역할 모델을 떠올려 보자. 이 사람과 함께 있을 때의 그의 태도, 언어, 인상, 행동을 생각하며 답을 적어 보자.
1. 그 사람은 무엇을 했기에 당신이 그렇게 좋아했나요?
2. 당신은 어떤 느낌이었나요?

〈존 휘트모어, 《성과 향상을 위한 코칭 리더십》, 2022〉

존 휘트모어의 활동 연구에 의하면 "사람들이 기억하는 특징과 성질은 국가와 문화에 관계없이 같은 대답을 한다."라며 아래의 도표에 열거했다.

즉 감성리더의 언어와 행동은 상대의 감성지능을 향상시키고 그 가능성을 발휘할 수 있도록 돕는 탁월한 능력이다.

| 감성리더가 한 것 | 내가 느끼는 것 |
|---|---|
| • 내 말을 경청한다.<br>• 나를 믿는다.<br>• 나의 도전을 깨웠다.<br>• 나를 신뢰하고 존중했다.<br>• 내게 시간을 주고 관심을 보였다.<br>• 나를 동등하게 대해 줬다. | • 특별한 기분을 느꼈다.<br>• 소중한 사람임을 느꼈다.<br>• 자신감을 느꼈다.<br>• 안심하고 관심받고 있다고 느꼈다.<br>• 나를 응원하고 있다고 느꼈다.<br>• 재미있고 열의를 느꼈다.<br>• 스스로에 대한 믿음을 느꼈다. |

〈존 휘트모어,《성과 향상을 위한 코칭 리더십》, 2022〉

내가 경험한 감성지능을 정리해 보면 다음과 같다.

선생님이 먼저 나의 힘겨움과 어려움을 알아봐 주셨다. 그리고 수학이라는 과목과 선생님께 거부감 없이 다가갈 수 있도록 다정한 말투와 태도로 대해 주셨다. 선생님의 태도와 말투를 통해 '내 말을 경청하는 선생님, 나를 믿는 선생님, 시간을 주시고 관심을 보이는 선생님'을 경험할 수 있었다. 그로 인해 나는 자신감을 느꼈고, 나를 응원하고 있다고 느꼈다. 그러한 경험은 스스로에 대한 믿음을 만들었다. 선생님의 감성리더십으로 인하여 수학에 대한 거부감과 학습 태도가 변화되어 좋은 성적을 내고 자신감을 가질 수 있었다.

간단한 기억을 통해 한 사람의 감성지능이 다른 이의 '자기 신뢰감'과 '가능성'을 회복하게 하여 '성과'를 낼 수 있는 변화를 돕는 것을 확인할 수 있다.

나는 중학교 수학 선생님을 생각하면 '내 말을 경청해 주고, 나를 믿어 준 선생님'이라 말할 수 있다. 그러한 선생님이 나를 응원하고 있다고 느끼며 자신감이 생겼다. 그 자신감은 나 자신에 대한 믿음을 느낄 수 있도록 했다. 그분의 감성지능의 리더십을 통해 변화된 성과를 누릴 수 있었다. 우리가 경험한 감성지능을 지금 우리 아이들도 누리고 있는지 점검할 필요가 있다.

아이들은 나에 대해 무엇이라 말하고 있는지 생각해 보자. 그리고 나는 아이들이 어떻게 느끼게 만들고 있는지도 함께 생각한다. 나의 언어와 태도가 아이들에게 어떤 영향력을 미치고 있는지 점검해 보자.

감성리더에 의한 코칭 문화에는 신뢰, 믿음, 호기심, 명확한 의도, 허락을 통해 자기를 인식하게 도와줌으로 스스로 책임을 선택할 수 있도록 돕는다.

자기 인식이란 자신의 생각, 감정, 신념, 가치관, 욕구, 강점, 가능성 등 결국 바라는 나에 대한 인식을 통칭한다.

괴테는 말했다.

"당신이 어떤 사람에 대해 현재 처한 모습 그대로 대한다면 그 사람은 계속해서 지금과 같은 상태로 남을 테지만 만약 당신이 그 사람을 그가 나중에 마땅히 되어야 할 사람으로 대하고 바라본다면 그는 마땅히 그런 모습의 사람이 될 것이다."

우리가 아이들을 바라보아야 할 시선이다.

# 마음을 공유하는 코칭 대화
_아이의 자기 인식을 돕다

### 자신을 잘 안다는 것은 무엇일까?

 자신을 잘 안다는 것, 즉 자기 인식은 상호 작용을 통해서 가능하다. 태어나서 양육하는 부모와 가족들과의 상호 작용을 통해서 자기 인식이 생겨난다. 자신이 많은 능력과 가치를 가지고 있음에도 불구하고 양육자나 가족들이 자신의 능력과 가치를 알아보지 못하거나 무시하면 정확한 자기 인식이 어렵다.

 과학자 에디슨의 어린 시절 학교 선생님은 에디슨의 질문과 행동을 귀찮아하고 화를 내며 머리가 나쁜 바보 취급을 했다. 결국 편지 한 통을 에디슨 편으로 보낸다.

 "당신의 아이는 지적 장애가 있습니다. 그래서 다른 일반 아이들과 함께 가르칠 수 없으니 학교에 보내지 않으셨으면 합니다."라고 쓰여 있었다. 하지만 그의 어머니는 "당신의 아드님은 천재입니다. 학교가 아드님에게 너무 작고 가르칠 좋은 선생님이 없으니 어머님께서 직접 가르치십시오."라고 쓰여 있다고 에디슨에게 읽어 준다. 그 뒤 에디슨의 어머니는 "너는 무엇이든 할 수 있단다."라고 하며 용기와 지지로 '모자란 아이'가 아닌 '특별한 아이'라는 믿음을 가지고 긍정적으로 바라보며 기대했다.

에디슨의 어머니 낸시 여사는 아들의 남다른 잠재력을 보았고 에디슨의 질문이 창의적인 질문이라고 생각하며 아들을 대했다. 그런 아들을 위해 독서하는 습관을 만들어 주었다. 이후 에디슨은 이와 같이 말했다. "어머니는 좋은 책을 빠르고 정확하게 읽는 법을 가르쳐 주셨습니다. 그 덕분에 위대한 문학의 세계로 들어갈 수 있었습니다. 나는 항상 이 초기 교육에 정말 감사하고 있습니다. **보통 아이들과 많이 달랐던 나를 진정으로 이해해 주는 사람은 어머니뿐이었습니다. 학교 선생님이 내게 저능아라고 했을 때 어머니는 최선을 다해 나를 변호하고 믿어 주셨습니다.**" 그렇게 문제아 에디슨이 영웅과 같은 어머니에 의해 세기의 천재가 되었다(이한규 칼럼, 바보를 천재로 만든 어머니, 열린뉴스통신, 2022).

아이의 가능성과 가치를 믿고 긍정적인 마음과 변함없는 사랑의 격려와 지지로 기다려 준 낸시 여사로 인해 에디슨은 위대한 발명가로 기록되고 있다.

한 사람의 가능성과 가치를 믿고 기다리며 함께하는 코칭 대화를 통해 우리도 아이들의 자기 인식과 자기 이해를 도울 수 있다.

## ✦ 관계를 살리며 자기 인식을 돕는 코칭 대화

| 대화 A | 대화 B |
|---|---|
| Q: 왜 그렇게 계속 한숨을 쉬는 거니?<br>A: 조별 과제가 있는데, 어떻게 해야 할지 모르겠어요.<br>Q: 조별 과제가 있는데 그렇게 게임을 하니? 그러니 생각이 나지 않지.<br>A: ……<br>Q: 그렇게 한숨만 쉬고 있을 거야? 그냥 엄마가 시키는 대로 해!<br>A: ……<br>Q: 그 숙제 끝나면 이제 뭐 해야 돼? 책은 좀 읽었니?<br>A: 아니요.<br>Q: 넌 도대체 왜 그러니? 당장 숙제 마무리하고 책 좀 읽어(명령형). 모르겠다, 네 알아서 해라(방관형, 비난형). | Q: 그렇게 한숨을 계속 쉬는 이유는 뭘까?<br>A: 조별 과제 해야 하는데… 아휴, 어떻게 해야 할지 생각나지 않아요.<br>Q: 그래, 그렇구나. 이렇게 생각이 복잡할 때는 어떻게 하니?<br>A: 친구들이랑 게임해요.<br>Q: 그래, 그러면 좀 어때?<br>A: 잠시라도 생각하지 않아서 그 순간은 좋아요. 그래도 오늘 게임은 재미있었어요.<br>Q: 어떤 점이 재미있었니?<br>A: 전략을 잘 짜서 우리 팀이 이겼어요.<br>Q: 그랬구나. 전략은 어떻게 짜는 것인데?<br>A: 선수 선별을 잘하고, 포지션을 잘 선택해야 해요.<br>Q: 선수 선별을 잘하려면 무엇을 해야 해?<br>A: 그 선수의 이력을 꼼꼼히 봐야 해요.<br>Q: 그리고 또?<br>A: 그 선수의 약점도 꼭 확인해야, 우리 팀에 유리한지 여부를 결정할 수 있어요. |

> Q: 그러한 방법을 게임 말고 어떤 경우에 사용하면 좋을까?
> A: 조별 과제 할 때요. 자료 조사를 잘하는 친구, PPT 잘 만드는 친구, 발표를 잘하는 친구들을 잘 확인해야 하죠.
> Q: 그럼 조별 과제를 하기 위해 무엇을 먼저 해야 하는지 생각이 떠올랐니?
> A: 네! 친구들이 잘하는 것에 대해서 먼저 이야기를 나눠 봐야겠어요.

대화 A와 B의 다른 점은 무엇일까?

대화 A는 질문자가 목표와 답을 가지고 제시한다. 사실에 관한 확인 질문만 있을 뿐이다.

상대의 생각과 의견을 확인하는 질문은 전혀 없고 알려고 하지도 않는다. 이러한 대화의 상대는 자신이 무시당하며 판단과 평가를 받고 있다고 느낀다. 그로 인해 자신과 문제를 하나로 인식하며 자책할 수 있다.

반면 대화 B는 관계를 살리는 대화이다. 상대의 생각과 의견을 전적으로 따라가는 질문으로 대화한다. 상대의 생각과 의견을 따라가는 질문을 통해 현실을 인식하도록 돕는다. 현실을 인식함으로 문제와 자신을 분리하고 분별한다. 그 문제 해결을 위한 목표를 세울 수 있도록 돕는다. 목표 실현을 위해 무엇을 어떻게 할지 생각하며 스스로 답을 창조하는 선택의 책임감을 가지게 한다.

현실적으로 실현 가능하며 척도로 할 수 있는 계획을 세우고 실천하도록 지원하고 지지한다.

아이에 대한 긍정적이고 낙관적 견해는 아이에게 자신감을 쌓아 주고 관점을 바꿀 수 있도록 돕는다. 즉, 스스로 선택하고 결정하고, 지지와 격려를 받는 경험이 쌓이면 자신감이 생긴다.

그러므로 코칭 대화는 상대에게 초점을 맞춘 대화 기법으로 스스로 문제를 바람직한 방향으로 해결하도록 돕는다. 아이들의 내적인 변화를 끌어내어 가능성을 확인하고 개발하도록 도우며 자신의 창의력과 풍부한 잠재력을 신뢰하도록 한다. 이 신뢰는 아이들에게 자신감과 스스로 하고자 하는 동기 부여와 책임감을 가지게 한다.

자신의 가능성과 강점에 대한 신뢰와 자신감이 있어야 변화 동기를 가져온다. 이는 부모나 교사가 아이를 통제하고 싶은 욕구와 의존적인 아이로 만드는 것을 막는다.

### ✺ 믿음 신뢰의 코칭 대화

위 예시 대화 A에서 게임을 계속하는 아이가 문제인 것처럼 말하고 있다. 대화 B는 조별 과제라는 문제 해결을 위해 무엇을 먼저 해야 할지 질문을 통해 아이 스스로 찾을 수 있도록 돕는다.

**조별 과제가 하기 싫어서 게임하는 아이로 보지 않고 그것을 어떻게 해야 할지 고민하는 아이의 긍정 의도를 본 것이다.** 아이의 무의식은 게임을 통해서라도 조별 활동을 잘할 수 있도록 도운 것인지도 모른다. 비록 게임이지만 경험을 통해 조별 과제를 시작할 방법을 스스로 찾아낸 것이다.

이러한 대화 접근은 아이 자신이 문제가 아니라는 것을 인식할 수 있도록 돕는다.

**즉, 문제의 상황이 된 것이 무엇인지 확인하게 된다.**

이러한 인식을 하기 시작한 아이는 코칭 대화를 통해 자신의 가능성과 가치를 존중하게 된다. 기다려 주고 도와주는 엄마와 선생님을 인지하며 자신에 대한 신뢰도 생긴다.

그 시점에 드디어 변화하고자 하는 마음의 힘이 굳건해진다.

이러한 자기 인식의 힘은 문제의 상황 해결을 위한 방법을 찾아 문을 열기 시작한다.

## 03
# 자기 인식을 돕는 코칭 질문

### 🧭 질문의 역할

질문은 정보를 얻기 위함이다. 질문을 할 때는 호기심에서 출발한다. 내가 알고 있는 것으로 판단하고 가르치기 위해 확인하는 작업이 아니라, 드러난 언어와 행동과 생각에 대한 호기심으로 질문을 한다. 무엇이 이 아이의 언어와 행동과 생각을 하게 하였는지 질문자와 아이가 함께 찾고 알아 가는 과정이다.

그래서 코칭 대화에서 질문은 아이가 스스로 자신에 대한 정보를 찾고 깨달아 자기를 인식할 수 있도록 돕는다.

여기서 인식이란 자기의 생각, 감정, 신념, 가치관, 욕구, 강점, 가능성 등 결국 '바라는 나'에 대한 인식을 통칭한다. 인식이 되는 순간이 바로 변화의 순간이기 때문이다.

즉 코칭 대화에서 질문은 아이 스스로 자기 자신에 대하여 호기심을 가지게 한다.

1. 너는 왜 그렇게 게임을 많이 하는 거니?
2. 오랫동안 게임을 하게 되는 이유가 무엇일까?

**어느 질문이 아이가 스스로 생각할 수 있도록 돕는 질문일까?**

첫 번째 질문은 게임하는 아이가 곧 문제로 인식되어 아이를 탓하며 판단과 평가의 의미가 전달돼 반감이 생기고 부정적 감정을 만든다.

반면 두 번째 질문은 게임하는 아이가 문제가 되는 초점이 아니라, 무엇으로 인해 오랜 시간 게임을 하는지에 대한 요인을 생각하게 한다. 나(자아)는 보호하고 나와 문제를 분리하여 객관적인 상황에서 보게 한다. 즉 문제의 본질을 보게 하여 주도적으로 생각하게 도와준다.

그래서 **인식과 책임을 불러오는 질문**이 두 번째 질문이다.

코칭 대화에서 질문은 코치에게는 상대의 대답을 통해 다음 질문의 방향을 잡는 도구다. 그래서 그 질문은 '예', '아니오'의 대답을 요구하는 닫힌 질문이 아닌 서술형으로 대답할 수 있는 열린 질문으로 한다. '누가, 언제, 무엇을, 얼마나'와 같은 의문사로 시작한다.

'왜'는 상대 탓을 하는 비난의 의미를 가지고 있어서 방어적 대답을 유발한다. '왜'로 시작하는 질문은 '그렇게 하는(된) 이유가 무엇인지 말해 줄 수 있나요?'로 표현하면 좋다.

긍정적인 질문으로 긍정적인 사고를 할 수 있도록 돕는다.

**질문은 길이다.**

그 질문을 따라 생각과 기억이 향한다. 부정적인 질문은 부정적인 생각과 기억으로 해석하게 된다. 그러니 긍정적인 질문으로 긍정적인 생각과 기억으로 폭넓은 해석을 하여 자신의 가능성을 확인할 수 있도록 돕는 좋은 길을 안내해야 한다.

## ✦ 질문의 종류와 방향

코칭에서 질문은 청크(덩어리)가 작은 것으로 한다. 구체적인 질문을 통해 아이의 관심과 마음이 유지되고 스스로 사고하는 힘이 깊어지도록 돕는다.

예를 들면 "정말 원하는 것은 무엇인가요? 그 밖에 또 뭐가 있을까요? 지금 상황은 정확하게 어떤가요?"같이 질문의 범위와 초점을 좁히는 것이다. 이렇게 하며 코칭 대화는 구체적인 질문을 통해 아이의 목표와 생각의 흐름이 무엇을 향하는지 분명해지도록 한다.

이러한 명확한 방향을 확인하기 위해 **허락을 구하는 질문**도 좋은 도구이다. 허락을 구하는 질문은 신뢰와 확신을 강화함으로 인해 좋은 관계도 유지할 수 있다.

자신이 알고 있는 것을 나눠도 되는지, 좀 더 자세히 알고 싶은 것을 물어보며 허락 질문을 하는 것이다.

"내가 성공한 방법을 이야기해 주면 도움이 되겠습니까?"
"어떻게 하다 그 선택을 하였는지 말해 줄 수 있나요?"
"네가 말한 것을 내가 어떻게 들었는지 이야기하면 도움이 될까?"

이렇게 허락을 구하는 질문은 아이가 존중받는다고 느끼며 귀를 기울이게 만든다.

그리하여 아이의 주의 집중을 도울 뿐 아니라 오해를 방지한다.

판단, 비판, 지적은 방어적인 아이로 만든다. 비판을 버리고 호기심으로 질문하면 아이의 관점을 볼 수 있다. 호기심으로 상황을 보게 되면 새로운 관점, 즉, 아이의 관점에서 볼 수 있는 질문을 할 수 있다. 비판과 판단이 없는 환경에서는 실수로부터 배울 수 있고, 도전할 수 있다. 그리하여 실수와 실패에서도 미래의 바라는 '나'에 이를 수 있도록 조명한다.

**열린 질문**은 어떻게(How)와 무엇(What)으로 질문한다.
'예'와 '아니오'의 단답형의 대답이 아닌 서술형의 대답을 할 수 있도록 돕는 대화이다.

"이제부터 실천한다면 어떻게 하는 것이 좋을까요?"
"최선의 방법은 무엇일까요?"
"한 주간 어떤 생각을 하며 보내셨나요?"
"한 주간 흥미로운 것은 어떤 것이었나요?"
"한 주간 새로운 경험을 하신 것은 무엇인가요?"
이와 같이 자신을 바라보며 서술할 수 있도록 돕는다.

**기적 질문**은 생각의 전환을 돕는다.

새로운 의미 생성이나 실천, 변화를 위한 질문이다. 가능성에 대한 자기상을 형성할 수 있도록 돕는다.

막막한 상황에 있는 아이에게 마치 기적이 일어난 것처럼 문제가 해결된 상황을 가상적으로 상상을 하게 한다. 자기 문제를 인식하여 해결된 상황에 대한 그림을 떠올려 봄으로 인해 해결하기를 원하는 것을 명료화하고 구체화하도록 돕는 질문이다. 그리하여 목표를 현실적이고 구체적으로 설정할 수 있다.

"만약 자고 일어났더니 그 갈등이 모두 해결되었어요. 어떻게 하여 해결되었을까요?"

"만약 다시 태어난다면 어떤 모습으로 태어나고 싶은가요?"

**핵심 질문**의 좋은 예를 성경에서 찾을 수 있다.

"소경 둘이 길 가에 앉았다가 예수께서 지나가신다 함을 듣고 소리 질러 가로되 주여 우리를 불쌍히 여기소서 다윗의 자손이여 하니 무리가 꾸짖어 잠잠하라 하되 더욱 소리 질러 가로되 주여 우리를 불쌍히 여기소서 다윗의 자손이여 하는지라 예수께서 머물러 서서 저희를 불러 가라사대 너희에게 무엇을 하여주기를 원하느냐 가로되 주여 우리 눈 뜨기를 원하나이다 예수께서 민망히 여기사 저희 눈을 만지시니 곧 보게 되어 저희가 예수를 좇으니라"(마태복음 20:30-34)

어느 날 맹인 두 사람에게 예수님은 **"너희에게 무엇을 하여주기를**

원하느냐"라며 핵심 질문을 한다. 그러자 주저함 없이 **"우리 눈 뜨기를 원하나이다"**라고 말한다.

그들은 처음에는 "우리를 불쌍히 여기소서"라고 한다. 그 말에 일반적인 반응은 돈이나 음식을 준다. 하지만 **예수님의 핵심 질문을 통해 자신의 원함을 분명하게 인지하고 표현하도록 돕는다.**

핵심 질문은 아이가 스스로 정확한 욕구와 목표와 방향을 인식하도록 도와주어 행동과 실천에 힘을 준다.

"삶에서 나를 웃게 만드는 것은 무엇인가?"
"당신의 행동을 막고 있는 것은 무엇인가?"
"당신이 진짜 원하는 것은 무엇인가?"

이러한 질문들은 코칭 대화에 적용되어 자기 인식을 도와서 문제 상황과 변화에 대한 책임감을 가지도록 돕는 도구로 활용된다.

# 마음을 들을 수 있도록 돕는 경청
## _경청의 세 가지 방법

코칭에서 경청은 아이가 스스로 지금 머물러 있는 위치와 감정을 느끼며 이해하는 것을 돕는 것이 목적이다. 그래서 상대 중심적 경청을 한다.

상대 중심적 경청은 상대의 눈을 바라보며 집중한다. 세상에 그 한 사람만 존재하는 것처럼 말이다. 그리고 상대의 자세와 동작에 마치 거울처럼 자연스럽게 맞추어 공감한다. 동작뿐 아니라, 음조에도 맞춘다.

그리고 경청은 입으로 하는 것이다. 즉, 상대의 말을 요약하고 반복하며 반응한다.

뒷말 따라 하기, 핵심 키워드 말해 주기, 추임새 등으로 반응한다. 좀 더 세부적으로 경청의 세 가지 방법을 소개한다.

하교 후 계속 게임을 하는 아이에게 엄마가 참다못해 말한다.
"너는 왜 이렇게 게임만 하니? 보니까 집에 와서 계속 게임만 하는구나! 도대체 왜 그러니?"

"에이씨, 게임도 내 맘대로 못 해요? 성적도 내 맘대로 안 나오고 선생님도 잔소리하고!"

"이러고 있는데 성적이 나오겠니? 내가 속 터지는데 선생님은 오죽하겠냐고!"

이 대화는 자기중심적 경청으로만 대화하고 있어 소통이 되지 않는다. 사실 경청을 한다면 어떻게 될까?

A: 아이고, 성적이 기대만큼 나오지 않아서 속상했구나! 네 속도 모르고 선생님은 거기다 야단을 치신 모양이네! 우리 아들 많이 속상하겠다.

B: 아이고, 성적이 기대만큼 나오지 않았어? 속상해서 게임하며 잊어 보려고 한 거니? 그런 네 속도 모르고 선생님은 야단을 치셨구나. 우리 아들 속상하겠네.

이러한 경청 반응은 아이들과의 좋은 관계를 지켜 준다. A형은 들은 사실 그대로 경청하고 공감하여 돌려주는 대화의 예이다.

B형은 아이의 의도를 확인하기 위해 경청 질문으로 공감하여 의도를 확인하며 돌려주는 대화이다.

## ✦ 사실(Fact) 경청

사실(Fact)을 듣지 못하는 것은 판단과 추측, 선입견, 고정 관념에 빠져 있기 때문이다.

우리는 주로 느낌과 감정을 나누며 이야기를 하는데, 이것은 생각과 판단을 이야기하며 나누는 것이다.

**코칭 대화를 하는 감성리더는 판단과 추측을 생각하는 것이 아니라 욕구나 의도를 들어야 한다. 그리하여 아이가 판단과 사실(Fact)을 구별하도록 도와주어야 한다.**

즉, 사실 경청은 욕구나 의도나 원하는 것을 듣는 것이다.

이것은 지금 느끼는 감정, 의도, 욕구, 원하는 것, 필요한 것, 중요한 것의 사실(Fact)을 들어 주는 것이다. 모든 행동과 언어에는 욕구가 숨어 있다.

사실(Fact)을 듣는다는 것은 코치의 생각과 고정 관념으로 판단하여 듣는 것을 빼고, 있는 그대로의 사실만 듣는 것이다. 객관적으로 듣는 것인데, 이는 이야기 속에서 일어난 사건이 무엇인지 듣고, 상황을 듣고, 어떻게 변화되었는가의 사실(Fact)을 듣는 것이다.

그런데 우리는 사실(Fact)을 듣지 않고 나의 선입견, 판단, 고정 관념, 추측을 들어서 아이의 진짜 마음을 놓치고 있다.

A: H도 같이 장난쳤는데, 선생님은 왜 나만 혼내는 거야! 다들 내 탓만 해!
B: H랑 장난을 쳤는데, 너만 혼난 거니?
A: 응, H가 잽싸게 도망갔거든.
B: 에구, H는 도망가서 우리 ○○○만 혼났구나!

### 감정(Feel) 경청

감정(Feel)은 생각이 아니고 감정을 듣는 것이다.

이야기하는 아이가 지금 어떤 감정인지 들어야 한다.

**코칭 대화를 하는 감성리더가 감정을 잘 이야기해 주는 것이 필요하다.** 그것을 잘하려면 상대의 말 톤, 지금 어떤 상태인지를 민감하게 들어야 한다. 손짓, 발짓 이런 것에서 나오는 감정을 민감하게 알아내는 것이다. 감정을 보지 못하는 이유는 우리가 늘 생각을 말하기 때문이다. 생각을 말하기 전에 상대의 감정을 먼저 들어야 한다.

A: H도 같이 장난쳤는데, 선생님은 왜 나만 혼내는 거야! 다들 내 탓만 해!

B: 아이고, 억울하겠구나!

A: 맞아, 너무 억울해!

### 의도(Focus) 경청

의도(Focus)는 아이가 이야기하면서 진짜 원하는 것을 파악해야 한다.

의도를 확인하려면 질문으로 공감하며 들으면 된다.

의도도 감정도 잘못 예측할 수 있기에 질문으로 공감하며 사실 경청을 한다.

그러면 아이는 자신의 의도와 감정을 명확하게 확인하게 된다.

**결국 무엇을 원하는지 들어야 한다.** 모든 행동과 언어에는 욕구가 있다.

이 욕구를 듣지 못하기 때문에 비판과 판단하게 된다.

상대의 의도를 확인하기 위해 질문을 하는 것이다.

자신의 의도를 스스로 인지하지 못했을 때 보이는 사실과 감정을 섞어서 말한다. 그래서 나의 의도, 욕구를 말할 수 있어야 한다. 필요, 욕구, 원하는 것, 중요한 것, 이것들이 의도이다.

A: H도 같이 장난쳤는데, 선생님은 왜 나만 혼내는 거야! 내가 그렇게 말씀드렸는데!
B: 선생님이 너만 야단쳐서 억울한 거니?
A: 네! H는 도망갔는데! 내 말을 듣지도 않아요.
B: 아이고, 같이 장난친 친구 이야기를 듣지도 않고 믿어 주지 않아서 억울하고 답답했겠네! 네 말 좀 들어 주시지!
A: 맞아요, 내 말 좀 들어 주고 믿어 줘야지! 억울하고 답답해서 너무 화났어요.

### 왜 우리는 사실을 듣지 못하는가?

내가 판단하고 추측하기 때문이다. 말을 자르고, 충고, 지시, 선입견 등으로 인해 사실과 판단을 구분하지 못한다.

**상대를 변화시키려고 하지 말고 사실(Fact)만 먼저 경청하는 것이 필요하다.**

말하고 있는 그대로의 사실(Fact)을 경청하고 그 말속에 담겨 있는 감정에 공감을 해 주는 것이다.
　사실 경청이 안 되면 공감은 절대 나올 수 없다. 사실이 먼저 정리되어져야만 그 속에 담긴 감정이 나온다. 그리고 그 감정에 서운했겠다, 힘들었겠다, 속상했다며 공감해 준다.
　"지금 마음이 어때요?" 하며 감정을 경청하는 것은 생각과 감정을 구별할 수 있어야 가능하다. 감정 속에는 반드시 욕구, 의도가 숨어 있다. 의도 경청은 원하는 것을 듣는 것이다. 그 의도를 확인하려면 질문으로 공감하면 된다.

　한마디의 말속에도 사실(Fact)과 감정(Feel)과 의도(Focus)가 있다. 상대가 사용하는 언어에 머물러 있어야 들을 수 있다.
　의도도 감정도 틀릴 수 있으니 질문으로 공감하여 경청하면 아이들의 마음이 어디에 머물러 있는지 들을 수 있다.

**05**

# 피드백은 바다(SEA)이다.
# 그래서 마음의 성장을 돕는다
### _피드백은 지적이 아니다

모든 사람은 소통을 전제로 하고 소통의 핵심에는 피드백이 있다.

피드백은 상대의 성장을 위해 그가 한 말과 행동에 반응하며 의견을 되돌려주는 것이다. 피드백의 목적은 상대가 스스로 성찰할 수 있게 하고 더 나은 삶의 방향으로 성장하도록 도와주는 것이다.

이러한 피드백은 신뢰의 관계로 함께 발전하고 성장하게 돕는다. 그래서 피드백은 모든 정상적인 사람들에게 활력을 불어넣어 주는 건강한 혈관과 같다(《피드백 이야기》, 리처드 윌리엄스, 2012).

부족한 부분을 분석하여 예리하게 지적하는 것은 피드백이 아니다. 그것은 비난이다.

비난은 마음에 상처와 절망과 좌절을 줌으로 인해 관계가 깨질 수 있다.

수업 후 쉬는 시간. 가녀린 여자아이 B의 울음소리가 교실을 채운다.

"선생님! A가 B를 울렸어요!"

나는 그 모든 상황을 보고 있었다. 아이들은 저마다 자신의 캐릭터를 들고 놀이에 빠져들고 있었다. 작은 미소와 웃음이 섞인 재미난 역할 놀이를 하고 있었다. 그러다 그 캐릭터들은 대결 구도를 만들었고, 안타깝게도 여학생 B는 남학생 A의 캐릭터를 뺏어 버렸다. 그러자 남학생 A는 캐릭터를 다시 찾기 위해 그 여학생 B를 밀어 버렸다. 밀려서 엉덩방아를 찧은 여학생 B가 울어 버린 것이다.

순간 아이들은 그 남학생 A의 행동을 지적하며 고자질하기 위해 시끌벅적해졌다. 남학생 A는 얼음이 되어 바닥만 응시하며 가만히 서 있었고 아이들은 남학생 A가 어떻게 야단맞는지 꼭 보고야 말겠다는 눈빛으로 나의 자리에 모였다.

'아… 이 아이들을 어쩌지? 어떻게 이야기해야 할까?' 나에게 이러한 기도가 간절했던 이유는 바로 앞 주에 이와 유사한 일로 남학생 A가 다른 선생님에게 야단을 듣고, 울고, 사과했던 일이 있었다. 그때도 지금과 거의 흡사한 분위기 속에서 남학생 A는 자신을 위한 발언을 제대로 하지 못하고, 야단을 심하게 들은 일이 있었다고 들었다. 과격한 행동을 하는 학생으로 인식되어 버린, 그래서 나쁜(?) 아이로 인식되어 버린 학생이다.

"A야, 어떻게 된 일인지 말해 줄 수 있니?"

"……."

"선생님! 봐요! 아무 말도 못 하잖아요! 자기가 잘못했으니까 말하지 못하는 거예요! 그냥 야단치세요! 지난주도 그랬어요!"

"얘들아! 좀 조용히 해 줄래! 선생님은 A의 대답을 기다리고 있잖니? A야, 말해 줄 수 있을 때 말해 줘. 선생님은 기다리고 있을게." 순간 고요함이 우리를 감쌌다.

"…너…무 재미있게 노는데 B가 제… 캐릭터를… 뺏어… 갔어요…. 그거… 다시… 달라고 했는데… 안 줬어요….."

"그래? 다시 달라고 해도 주지 않아서 짜증 났구나. 그리고 어떻게 되었어?"

"밀었어요….."

"그것 봐요! 선생님! A는 나쁘다니까요!!"

"아니, 얘들아, 잠깐만! 아직 B의 이야기는 듣지 못했어요! B는 어떻게 하다가 A의 것을 뺏은 거니?"

"이기고 싶어서 뺏었어요. A만 계속 이기니까 화나잖아요. 그래도 한 번 더 달라고 말했으면 주었을 거예요. 그런데 저를 밀었어요!"

"맞아요! 아무리 화가 나도 친구를 미는 건 잘못한 거예요! A가 훨씬 잘못한 거예요."

눈물을 흘리며 바닥만 응시하던 A의 표정이 점점 더 굳어져 갔다. 여기 이 자리에 그 누구도 A의 억울함은 듣지도 않고 들으려 하지도 않기 때문인 것을 알 수 있었다.

"얘들아! 이기고 싶어서 정당하지 못한 방법으로 뺏어 버리는 것은 바른 행동이니?"

"……."

"그럼, 아무리 화가 난다고 친구를 다치게 하는 것은 바른 방법이니?"

"……."

"아휴! 선생님! 선생님은 그래서 지금 누구 편이세요? 나쁜 A의 편이 되시는 거예요?"

"선생님은 A가 나쁜 아이라는 말을 듣는 것이 화가 나요! 얘들아, 선생님은, 선생님이 귀하게 여기는 학생이 야단맞고 혼나며 억울하고 힘들어하는 것이 제일 화가 나고 싫어요! 너희들이 선생님에게 사랑받는 것처럼 모든 사람에게 사랑받았으면 좋겠어! 그래서 선생님은 늘 먼저 사랑하는 친구의 편이야!"

잠깐의 침묵을 A가 먼저 깼다.

"B야, 밀어서 미안해…. 다음엔… 말로 할게….”

"나도 빼앗아서 미안해, 이젠 그러지 않을게!"

"우와~! 선생님! 우리는 선생님 편이에요! 그치? 맞아! ㅎㅎㅎ 우리 다시 그 놀이 하자, 얘들아~!"

초등학교 4학년 아이들과 독서 코칭을 진행하며 만난 에피소드이다. A는 늘 말썽만 피우는 나쁜 아이로 인식되어 있었다. A의 진심과 상황의 과정에 관심을 가지는 친구는 아무도 없었다.

이 아이들과 독서 코칭을 계속 진행하기 위해서는 이 공동체 전체에 대한 피드백이 필요했다. 잘못을 지적하고 드러내어 아이들의 기를 죽이기 싫었다.

그 순간의 선택에 대한 책임감을 가지고 용기를 내어 스스로 변화되기를 기대했다. 그래서 교정적 피드백으로 생각과 관점을 바꿀 수 있게 도와주었고 그 바뀐 관점이 잘 유지할 수 있는 지지적인 피드백으로 이들의 관계를 지켜 주었다.

> ✦ **피드백의 원리는 구체적/긍정적/그리고/미래형으로 표현한다. 그런데-표현은 삼가한다**

**지지적인 피드백**은 잘하는 행동이 반복되도록 하는 피드백이다.
이 피드백은 구체적인 행동, 즉 그 사람이 했던 행동을 설명해 준다. 그 행동의 결과가 어떻게 되었는지 말해 주는 것이다. 그러고 그것에 대한 그 느낌을 말하고, 그 느낌에 대한 설명을 해 주는 것이다.
지지적인 피드백은 긍정적인 소통으로 좋은 관계를 유지하도록 돕는다.

"A야, 네가 용기를 내어 먼저 사과해 줘서 정말 고마워. 너의 사과에 B도 바로 사과하며 서로 화해하는 모습을 보니 선생님은 너무 행복하더라. 이제 우리 A도 친구들에게 용기 있게 사실을 말하며 즐겁게 지낼 수 있을 것 같아서 감사하고 너무 뿌듯해."

어떤 행동에 긍정적인 피드백을 하는 것이 지지적인 피드백이다.

잘못된 행동을 변화할 수 있도록 돕는 것이 **교정적 피드백**이다.
불만족스러운 것을 개선해 주는 피드백이다. 이는 수용-교정-격려의 순서로 진행한다.

수용은 상대의 노력과 실행 과정이나 성실성을 수용한다. 실제 전달하고자 하는 교정 메시지는 중간 부분에서 질문과 티칭과 조언의 순서로 진행한다. 격려에서는 상대의 가능성이나 열정 성품이나 강점을 격려한다.

예를 들어 과제를 띄엄띄엄 풀어 온 아이에게 "이게 뭐니? 이게 한 거야? 안 한 거야?"라는 피드백은 아이에게 수치심과 반발심을 키우게 된다.

노력 수용: 오~ 우리 홍길동. 어려운 문제인데 풀어 봤구나!
교정: 여기 이 문제는 다시 읽어 보면 어떨까? (질문)
이 부분을 이렇게 다시 풀면 좋겠어. (티칭)
선생님 생각엔 우리 홍길동이 중요 부분에 줄을 그으며 문제를 읽으면 풀이 방법을 잘 찾을 수 있을 것 같아. (조언)
격려: 어려운 문제에 도전한 거 정말 훌륭하고 멋지다!

## 바다(SEA) 같은 피드백

코칭에서의 피드백은 아이에게 힘을 실어 주는 것, 즉 지지하는 것이다.

**지지한다(Support)는 것은 믿어 주는 것이다.**

믿고 신뢰하기에 통제하거나 간섭하려 하지 않는다. 실패도 또 하나의 기회라는 것을 믿고 끝까지 지지한다.

이것은 조건에 충족해야만 자신의 가치를 인정받는 것이 아니라 자신의 존재 자체로 소중한 사람이라는 것을 충분히 인지할 수 있도록 마음을 전하고 표현하는 **격려(Encourgement)**로 연결된다.

그래서 상호 책임(Accountability)의 관계가 된다. 같이 먹고 놀며 공통된 경험을 많이 축적하는 것이다. 관찰하고 공감하며 함께하는 것이다. 이러한 상호 책임을 통해 아이들은 부모로서, 교사로서의 권위를 자연스럽게 인정한다.

이러한 지지(Support)와 격려(Encouragement)와 상호 책임(Accountability)의 피드백으로 아이의 성장을 도와주는 바다와 같이 넓고 깊은 마음으로 품는 롤 모델이 되어 주는 것이 코칭에서의 피드백이다.

### 4장

## 스마트폰에 푹! 빠진 마음 건져 내기

Maker 독서 활용 코칭

**01**

## <지금까지 잘 지내 줘서, 고마워>
_최선을 선택한 나 인식하기

'스마트폰 쉼 프로젝트 독서 코칭 프로그램' 소개를 한 뒤 아이들에게 《뛰어라 메뚜기》 그림책의 앞부분을 읽어 주었다. 책의 제목은 가린 채 소개했다. 책을 읽고 난 후 제목 맞히기 스무고개를 진행하기로 했다. 이 책을 처음 접해서인지, 색채가 강해서인지 아이들은 메뚜기 이야기에 빠져들었다. 메뚜기는 사마귀, 뱀, 새들로부터 살아남기 위해 최선을 다해 숨는다. 길고 커다란 나뭇잎 아래에 숨어 있던 어느 날 친구 메뚜기들이 적에게 무참히 죽어 가는 것을 보게 된다. 이렇게 메뚜기는 최선을 다해 숨어 있는 '나'를 발견한다.

자신의 생명을 지키기 위해 최선을 다하여 숨어 살고 있지만 벗어날 수 없는 불안과 두려움 속에 있는 자신을 인식하게 된다. 이러한 자기 인식은 메뚜기를 높은 바위 위에 오르게 했다. 지금까지도 생명을 지켜 낸 것처럼 이 불안과 두려움에서도 자신을 지킬 방법을 생각하는 듯 비장한 모습이다. 메뚜기를 발견한 천적들은 모두 메뚜기에게 달려들기 시작한다. 그래도 꼼작하지 않는 메뚜기, 과연 메뚜기는 어떻게 할 생각일까?

"포기한 거예요?"
"아니야, 자기를 도와줄 슈퍼 메뚜기를 기다리는 거야!"
"자신이 슈퍼 메뚜기가 되어서 적들을 다 물리치려는 거예요."

아이들은 각자의 상상력을 표현하며 메뚜기에 집중하기 시작했다. 이렇게 도입 부분까지만 읽은 뒤 '지금의 메뚜기'에 대한 질문으로 독서 코칭을 진행했다.

### 그 애는 말하지 않아요

'화가'라는 별칭으로 예쁘게 꾸며서 표현한 초등학교 4학년 여자아이가 있다. 자기소개를 하는 시간에 '화가'는 마스크 속에 얼굴의 3분의 2는 가린 채 눈동자만 이리저리 바삐 움직일 뿐 말을 하지 않는다. 소개를 기다리는 나에게 다른 아이들이 대신 말했다.

**"그 애는 말하지 않아요."**

'화가'는 그림 그리기를 좋아한다. 그림을 그리기 위해 스마트폰을 늘 쥐고 있다. 말을 하지 않고 고개의 움직임으로 친구들과 소통하며 센터에서도 거의 혼자 그림을 그린다.
어머니는 외국인으로 한국어가 능숙하지 못하고 아버지는 퇴근 시간이 늦다.

엄마와는 대부분 그림과 짧은 단어로 소통한다. 자신의 마음과 상황을 대변해 줄 그림, 자신의 바람을 볼 수 있는 그림을 찾고 그리기 위해 늘 스마트폰을 뒤적인다. 화가에게 엄마와의 관계를 유지하기 위해서 말은 꼭 필요한 도구가 아니다. 자신이 할 수 있는 다른 최선으로 엄마와 소통하고 있었다. 하지만 다른 관계에서는 말을 못 하는 아이가 되었다.

"화가가 바라는 것은 무엇이니?"
'**엄마와 친구들과 편하게 말하는 것.**'
"지금은 어떤 아이니?"
'**그림만 그리길 좋아하는 아이.**'
꾹 눌러쓴 글을 읽고 있는 나의 얼굴을 수줍은 듯 쳐다본다. 함께 눈을 마주하고 "오~ 그림 그리는 걸 정말 좋아하는구나!" 하며 미소 지었다.

"그림만 좋아하고 그리면 어떻게 될까?"
'매일 혼자, 친구도 없고….' 문장을 끝맺기 전에 한 남자아이가 큰 소리로 말했다.

"**선생님, 말을 못 한다니까요! 대답도 하지 않는데 왜 자꾸 질문하세요?**"

화가의 얼굴이 빨갛게 달아올랐다.

"화가는 어떤 이유가 있어서 말을 하지 않는 것일 거야. 너는 소리 내어 말하는 거고, 화가는 글자와 표정으로 말을 잘하고 있어. 사용하는 방법이 다를 뿐이지. 화가야, 네가 소리 내어 말하고 싶을 땐 말해도 돼! 눈으로 글자로 너의 마음을 표현해 줘서 정말 고마워. 덕분에 선생님은 말이 아닌 다른 방법으로 대화하는 것을 배우게 되었어."

화가는 고개를 크게 끄덕인다. 그렇게 큰 대답을 해 줘서 고맙다.

## 기적 질문

코칭 프로그램 후 기적이 일어난다면, 나는 무엇을 하고 있을까?

여기저기서 바람과 소원을 한가득 쏟아 내며 웃음꽃이 만발해진다. 조용히 웃고만 있는 화가에게 다시 질문했다. 화가에게 기적이 일어난다면 무엇을 하고 있을까?

"말을 해요."

마스크 속에서 작지만 분명한 울림이 있었다. 순간 화가 자신도 놀라 눈이 동그랗게 커졌다. 멈칫하고 환하게 미소 짓는 나를 깨우는 소리가 들린다.

"우와 말을 했어요!" 옆에 앉은 친구가 호들갑이다.

"화가야, 지금 기적이 일어난 거네?"

약속이라도 한 듯 아이들이 큰 소리로 웃으며 박수를 쳤다. 부푼 마음으로 맘껏 기적을 던진 아이들 눈앞에 진짜 기적이 나타났다. 금도끼 은도끼의 기적처럼 말이다.

모든 이가 역기능이라 여기지만, 자신에게만은 선기능이라 여기며 좋은 의도가 되어 준 그것조차도 공감할 수 있는 한 사람만 있어도 된다. 그 한 사람으로 인해 어떤 행동(선택)을 하게 된 '긍정 의도(마음)를 가진 나'를 인식할 수 있는 기적이 생길 수 있다.
   화가의 대화 방법을 긍정적으로 인정하고 수용하며 반응하는 한 사람이 되기로 했다.
   아이의 글을 부드럽게 또박또박 읽으며 아이의 눈동자와 함께했다.
   화가 스스로 선택한 최선이 인정받고 존중받음을 느끼게 하려고 온 마음으로 함께했다.
   화가가 고개를 크게 끄덕여 줄 때 '아, 아이의 마음에 힘이 생겼구나.' 하며 희망이 보였다.
   이미 소리 내어 말하는 아이인 것처럼 자연스럽게 대하며 대화했다. 어느 순간 아이들이 나와 같은 태도로 화가를 대했다. 몸을 기울여 자세히 보고 눈을 마주하며 웃으며 같은 속도로 고개를 끄덕이고 있었다. 자신을 위한 친구들과 선생님의 반응을 통해 안전감을 느끼고 있음이 보였다. 그 안전감은 마음의 힘을 채워 주어 좋은 결과로 향한 새로운 최선을 선택할 수 있게 도와주었다. 환한 웃음이 눈가로 번지기에 미소가 너무 보고 싶었다.

"화가야, 마스크 한번 내려 줄 수 있어? 예쁜 미소가 너무 보고 싶어."

마스크 안에 숨어 있던 맑고 어여쁜 미소를 보니 눈물이 고였다. 그리고 토닥토닥 안아 주며 말했다.

**"고마워, 지금까지 잘 지내 줘서."**

이렇게 화가는 최선을 다하는 자신이 잘 지내고 있음을 확인했다.
우리 모두의 기적이 되어 준 화가 덕분에 우리들의 독서 코칭은 만반의 준비가 되었다.
변화를 위한 최선을 선택하기 위해 용기내주는 아이들 덕분에 행복한 코칭 시간을 누렸다.

## 독서 코칭으로 UP 1

### 원하는 상태를 위해
### 지금 행동할 수 있는 것_목표

---

표준국어대사전에서 명시하는 "목표"의 의미는 '어떤 목적을 이루려고 지향하는 실제적 대상으로 삼음. 또는 그 대상. 도달해야 할 곳을 목적으로 삼음. 또는 목적으로 삼아 도달해야 할 곳. 또는 행동을 취하여 이루려는 최후의 대상.'이다. 즉 목표는 내가 원하는 상태에 도달하기 위해 현재 실제적으로 행동할 수 있는 것이다.

"네가 바라는 '나'는 어떤 모습인지 말해 줄 수 있어?"
"제가 바라는 나의 모습이요? 음… 나 자신에게 좀 뿌듯함을 느꼈으면 좋겠어요. 부모님에게도 인정받는 모습이죠."
"나 스스로 뿌듯한 감정을 느끼며 부모님에게 인정받는 모습이 그려지는구나? 지금은 어떤 모습이지?"
"지금은 죄책감과 후회를 계속 반복하는 것 같아요. 공부해도 안 되고 스마트폰은 한번 잡으면 시간이 너무 빨리 가요."
"음… 바라는 나의 모습과 지금의 모습에서 차이가 느껴지니?"
"네."

"그럼 그 차이는 어떻게 생긴 것일까?"

"음… 제가 좀 일찍 포기했어요. 좀 하다가 안 되니까 포기하는 것이 편할 것 같아서 공부를 안 했거든요. 그러다 보니 시간 보내려고 스마트폰을 계속 보게 되었고… 그랬던 것 같아요."

"그럼 이 상황에서 문제를 발견할 수 있겠니? 무엇이 문제인 것 같니?"

"아… 계속 포기하고 아무것도 하지 않는 것이 문제인 것 같아요."

"오~ 계속 포기하고 아무것도 하지 않는 것을 문제로 보는구나? 그럼 그 문제를 네가 바라는 모습, 즉 나 자신이 뿌듯한 느낌을 가질 수 있도록 기회를 만들어 주는 목표로 바꾼다면 어떤 문장으로 표현할 수 있겠니?"

"목표로 바꾼다면? 문제를요? 음… 다시 계획을 세워서 공부한다."

코비 야마다의 《문제로 무엇을 할 수 있을까?》 그림책으로 고1 남학생과 진행한 독서 코칭 대화의 일부이다.

코칭을 하는 많은 이유 중 하나는 오랫동안 지니고 있던 문제를 해결하기 위해서이다. 문제를 해결하고자 하는 것이 코칭의 이유이면 그 문제의 반대 상황이 바로 코칭의 목표가 되는 것이다.

문제 상태는 바라는 상태와 현재 상태의 차이에서 발생한다. 문제라고 인식하는 것은 바라는 상태와 현재 상태와의 차이를 알아차렸음이다. 코칭을 진행한 학생은 '스스로 뿌듯한 감정을 느끼며 부모님에게 인정받는 나'의 바라는 모습에 비해 현재의 나는 '죄책감과 후회를 계속 반복하는 나'이며 이는 너무 빠른 포기를 한 것이 문제라고 인식했다. 바라는 모습과 현실의 모습과의 차이를 알아차리지 못하면 자신의 탓으로만 생각하거나 상황 탓으로만 생각하기 쉽다. 그러니 알아차림과 인식이 우선이다.

이를 돕기 위해 바라는 나에 대한 그림을 먼저 떠올리고 현재 상황을 분석하는 과정이 필요하다. 바라는 나로 살아가기 위해 문제 해결을 위한 실천을 해야 한다.

문제를 한자로 풀어 보면 問(물을 문) 題(제목 제)이다. 이는 '부정적 상태를 해결하기 위해 관심과 주의를 기울여 노력해야 할 대상', '해답을 얻기 위한 물음', '가장 앞선 옳음을 확인하기 위한 물음'으로 정의하고 있다.

이 학생의 부정적인 상태인 '죄책감과 후회를 계속 반복하는' 것을 해결하기 위해 무엇을 질문해야 할까?

'스스로 뿌듯한 감정을 느끼며 부모님에게 인정받는 나'로 살아가기 위해서는 현재 '계속 포기하고 아무것도 하지 않는 것'을 어떻게 변화해야 하는지를 물어야 한다.

문제에서 목표를 찾는 것이다.

즉 '계속 포기하고 아무것도 하지 않는 것'이 문제라고 인식하고 있는 자신이 진정 원하고 바라는 모습이 무엇인지 그림을 그리고 볼 수 있도록 돕는다. 그리고 그 바라는 모습을 위해 어떻게 변화해야 하는지 생각할 수 있도록 도와주었다. 그 결과 '계획을 세워서 공부하기, 과목별 공부 시간과 생활 계획표 세우기'를 목표로 하여 현재의 '포기하고 아무것도 하지 않는 생활'의 변화를 위한 실천 계획을 설정할 수 있었다.

이러한 과정은 'GROW' 코칭 모델을 기반으로 진행했다. 1980년대에 존 휘트모어가 개발한 코칭 모델 'GROW' 모델은 세계에서 가장 많이 사용되고 있다.

이는 Goal-Reality-Option-Will 단계의 앞 글자를 딴 명칭이다.

### ✦ Goal 목표: 무엇을 원하는가?

- 독서 코칭을 통해서 무엇을 해결하고 싶은가요?
- 현재 바꾸고 싶은 문제 상태는 어떤 것인가요?
- 그 문제가 어떻게 해결되는 것이 좋을까요?
- 목표를 성취하기 위해 무엇을 준비할 수 있나요?
- 이 목표를 성취하는 것은 어떤 의미인가요?
- 바라는 나는 어떤 모습인가요?
- 바라는 것을 성취하였을 때 어떤 모습이길 원하나요?
- 기대한 결과는 무엇인가요?
- 목표를 언제까지 달성할 수 있나요?
- 무엇을 더 원하나요?

목표를 설정하기 위해서는 SMART의 원리를 따르는 것이 좋다.

Simple & Specific: 단순하고 구체적인 목표

Measurable, Meaningful to you: 측정 가능하고 의미 있는 목표

Achievable: 현실적으로 성취 가능한 목표
Reasonable & Responsible: 합리적이며 책임질 수 있는 목표
Timed: 시한을 정하여 설정되는 목표

SMART 원리를 기반으로 목표를 설정할 수 있도록 질문과 대화로 도와준다. 아이들과 목표 설정 활동을 하기 위해 NLP에서 소개하는 목표의 형식 중 몇 가지가 활동에 접목하기에 유용하여 소개한다.

## 접근 차원에서 긍정적인 문장으로 표현하는 목표 문장

코칭 목표 문장을 설정할 때 아이들이 많이 사용하는 것이 부정적 문장과 회피형 문장이다.

'스마트폰 오랫동안 사용하지 않기', '시험 기간에는 스마트폰 사용하지 않기', '게임하며 욕하지 않기'와 같이 '~하지 않는다'의 부정과 회피형으로 표현하는 경우가 많다.

하지만 목표를 설정할 때 부정적인 것으로부터 '벗어나는 것' 즉, 회피가 아닌 원하는 것을 향해 '나아가는' 접근의 긍정적인 표현을 할 수 있도록 한다.

우리의 뇌는 부정어를 인식하지 못한다. "빨간색을 생각하지 마세요." 이 문장을 읽는 순간 빨간색을 생각했을 것이다. 그렇다. '~하지 마세요'는 인지하지 못하고 '빨간색'만 인지한다.

'스마트폰 오랫동안 사용하지 않기'

"나는 이 목표 대신에 무엇을 원하는가?"의 질문은 회피 목표에서 긍정적인 접근 목표로 생각하고 표현할 수 있도록 도울 수 있다.

'스마트폰 오랫동안 사용하지 않기' 대신에 규칙적인 스마트폰 사용을 원한다는 것을 확인했다. 그래서 '하루에 1시간 게임한다.'를 목표로 하여 게임 시간을 조절하는 계획을 통해 게임을 줄이는 방법에 접근하였다.

### 구체적으로 표현하는 목표

'하루에 1시간 게임한다.'에서 '하루의 과제와 할 일을 마무리한 후 1시간 게임한다.' 또는 '게임 시간을 조절하는 방법을 배우고 실천한다.'로 시간 조절을 위한 구체적인 상황이나 배움에 대한 것을 강조하게 되면 목표에 이르는 과정을 중요시하고 즐기게 되어 실패에 대한 좌절이 적고 긍정 정서를 많이 경험하게 된다.

### 목표 달성을 알 수 있는 명확한 피드백

목표가 달성되었는지 어떻게 알 수 있을까요?
10점 만점으로 한다면 지금 목표 달성에 대한 점수는 몇 점인가요?
그리고 몇 점 정도면 목표를 달성했다고 할 수 있을까요?
목표가 달성되었을 때를 상상하면 어떤 장면이 떠오르나요?
목표가 달성되었을 때 당신의 기분은 어떨까요?
어떤 소리를 듣게 되면 목표를 달성했다고 할 수 있을까요?

목표를 달성하게 되면 얻게 되는 것이 무엇인가요?

이러한 질문들은 목표를 달성했을 때의 피드백을 예상할 수 있도록 도와주어 실천 동기가 생긴다.

### 의미와 파급 효과를 지닌 목표

목표를 달성한다는 것은 일상에 어떤 영향을 미치나요?
당신의 목표가 가족에게는 어떤 영향을 미치나요?
당신의 목표가 친구들에게는 어떤 영향을 미치나요?

목표를 달성했을 때의 파급 효과를 떠올리는 활동은 타인의 위치에서 목표를 탐색함으로 합리적이고 현실적인 목표 설정을 할 수 있다.

## 활동지 1

## <지금까지 잘 지내 줘서, 고마워>
## _최선을 선택한 나 인식하기_뛰어라 메뚜기

《뛰어라 메뚜기》, 다시마 세이조 저/정근 역, 보림

　《뛰어라 메뚜기》 앞부분만 읽고 진행하는 '나 인식하기' 활동지입니다. 메뚜기의 환경과 상황 그리고 태도를 잘 관찰하여 '지금의 메뚜기'와 '바라는 메뚜기'에 대한 생각을 충분히 나눕니다. 그리고 지금의 자신은 '어떤 나'인지 그리고 '바라는 나'는 어떤 모습인지 인지할 수 있도록 돕는 활동입니다.

### ✥ 《뛰어라 메뚜기》 독후 활동으로 '나' 들여다보기 준비 운동

활동지 1. 지금의 메뚜기

지금까지 읽은 내용을 보면 '지금'의 메뚜기는 어떤 메뚜기일까요? 나누어 준 포스트잇에 적어 메뚜기 그림이 있는 활동지에 자유롭게 붙입니다.

| 지금의 메뚜기 |
|:---:|
| 답변 예시 |
| 겁쟁이, 쫄보, |
| 숨바꼭질 고수, |
| 힘든 메뚜기, 먹이 메뚜기, |
| 의리 없는 메뚜기, |
| 친구 없는 메뚜기, |
| 부끄러운 메뚜기, |
| 자신을 싫어하는 메뚜기, |
| 자신을 믿지 않는 메뚜기 |

활동지 2. 무엇을 위해서 지금의 메뚜기의 모습이 되었을까요? 그런 메뚜기에게 줄 수 있는 위로의 말을 해 볼까요?

**무엇을 위해 지금의 메뚜기가 되었을까요?**

답변 예시
살기 위해서.
잡아먹히지 않기 위해서.

**지금의 메뚜기 위로하기**

답변 예시
메뚜기야 용기를 내.
지금까지 잘 숨었어. 잘했어.
많이 무섭고 힘들었지?

활동지 3. 지금의 메뚜기는 어떤 감정일까요?

**지금 메뚜기의 감정**

답변 예시
무섭다.
불안하다.
울고 싶다.
엄마가 보고 싶다.
공포를 느낀다.
친구가 죽어서 슬프다.

활동지 4. 메뚜기는 이제 어떤 메뚜기가 되기를 바랄까요?
그러한 메뚜기가 되지 못하면 어떻게 될까요?

| 바라는 메뚜기 | 새롭게 바라는 메뚜기가 되지 못하면 어떻게 될까요? |
|---|---|
| 답변 예시<br>더 이상 숨지 않는 메뚜기,<br>용기 있는 메뚜기,<br>편하게 잠자는 메뚜기,<br>최강 울트라 무적 메뚜기,<br>잡아먹히지 않는 메뚜기,<br>자신을 좋아하는 메뚜기,<br>친구 도와주는 메뚜기,<br>자신감 있는 메뚜기,<br>이곳을 벗어나는 메뚜기,<br>곤충들 사이가 좋아지게 하는 메뚜기 | 답변 예시<br>잡아먹힌다.<br>친구 없이 외롭게 산다.<br>정신병에 걸린다.<br>지금처럼 똑같이 산다. |

## 자기 인식 활동지

활동지 5. 지금의 나는 어떤 아이인가요? 주로 어떤 행동을 많이 하나요? 그리고 어떤 말을 많이 할까요? 그리고 어떤 생각을 주로 하고 있나요? 떠오르는 대로 써 봅시다.

| 지금의 나는 어떤 아이인가요? | | |
|---|---|---|
| 행동 | 언어(말) | 생각 |
| 답변 예시<br>게임을 한다.<br>카톡을 한다.<br>유튜브를 본다.<br>SNS를 한다. | 답변 예시<br>욕을 한다.<br>말은 하지 않고 글만 쓴다.<br>웃는다. | 답변 예시<br>이기고 싶다.<br>'좋아요'가 많았으면 좋겠다.<br>엄마에게 들키지 말자.<br>현질하고 싶다. |

활동지 6. 활동 5를 통한 행동, 언어, 생각들은 어떤 어려움을 극복하기 위해 선택하여 실천한 것인가요? 그 선택으로 어떤 결과를 만나나요?

| 극복하고 싶은 어려움 | 선택과 실천으로 인해 일어나는 일 |
|---|---|
| 답변 예시<br>심심한 것.<br>친구와 놀고 싶은 것.<br>기분이 좋지 않은 것.<br>혼자 있어 무서운 것. | 답변 예시<br>엄마에게 혼난다.<br>밤늦게 숙제를 한다.<br>엄마와 싸운다.<br>짜증이 난다.<br>공부하기 싫다.<br>계속 게임만 하고 싶다. |

활동지 7. 만약 나에게 기적이 일어나 새로운 아이가 된다면 어떤 아이가 될까요? 그림을 보고 '내가 바라는 나'에 ○ 해 봐요. 그림에 없으면 직접 써도 좋아요.

### 새롭게 바라는 나는 어떤 아이인가요?

(《너에게만 알려 줄게》, 피터 레이놀즈 글그림/서정민 역, 문학동네 참고)

활동지 8. ○ 한 것 중 세 가지를 적어 볼까요? 그중 가장 '바라는 나'는 어떤 아이인가요?

한 가지만 선택해 보고 가장 바라는 '나'가 된다면 어떤 일이 생길까요?

| 선택한 세 가지 | 가장 바라는 나 | 가장 바라는 나가 된다면! |
|---|---|---|
| 답변 예시<br>기쁨을 주는 아이,<br>친구들을 좋아하는 아이,<br>말을 잘하는 아이 | 답변 예시<br>말을 잘하는 아이 | 답변 예시<br>친구들이 많아진다.<br>엄마에게 한글을<br>가르쳐 줄 수 있다. |

활동지 9. 이제 '바라는 나'가 '지금의 나'가 변화할 수 있도록 응원해 봅시다.

| '바라는 나'가 '지금의 나' 응원하기 ||||||
|---|---|---|---|---|---|
| 바라는 나 | 지금의 나 | 변화 응원하기 || 변화 의미 찾기 ||
| 답변 예시<br>말을 잘하는 아이 | 답변 예시<br>그림만 그리고 말을 하지 않는 아이 | 행동 | 답변 예시<br>시간을 정해서 그림을 그린다. | 가족 | 답변 예시<br>엄마와 이야기를 할 수 있다. |
| | | 언어 | 하고 싶은 말을 한다. | 친구 | 친구가 생긴다. |
| | | 생각 | 나는 말을 할 수 있다. | 나에게 | 자신감이 생긴다. |

활동지 10. 활동 9의 표에 적은 것을 편지로 써서 발표해 봅시다.

> **'바라는 나'가 '지금의 나' 응원하기**
>
> *답변 예시*
>
> 안녕, 나는 말을 잘하는 너야.
> 그림이 엄마와 대화할 수 있는 최선의 방법이라고 생각했지?
> 말을 할 수 있는 '나'를 믿고 하고 싶은 말을 조금씩 해 봐. 그러면 엄마와 더 많은 이야기를 할 수 있고 친구도 생긴단다. 시간을 정해서 그림을 그리며 표현하기 힘든 마음은 그림으로 표현해도 좋아. 그러면 자신감도 더 커져.
> 넌 할 수 있어. 네가 바라는 내가 응원할게.

활동지 11. 바라는 나에 대한 점수는 얼마인가요? 그리고 어떤 변화가 있으면 1점을 올릴 수 있나요?

| 바라는 나에 대한 점수 | | | | | | 1점을 올릴 수 있는 변화 |
|---|---|---|---|---|---|---|
| 10 | | | | | | |
| 9 | | | | | | |
| 8 | | | | | | |
| 7 | | | | | | *답변 예시* |
| 6 | | | | | | 그림 그리는 시간을 잘 지킬 때 |
| 5 | | | | | | 엄마와 5분 이야기 나눌 때 |
| 4 | | | | | | 친구들과 이야기할 때 |
| 3 | | | | | | |
| 2 | | | | | | |
| 1 | | | | | | |
| | 1회 | 2회 | 3회 | 4회 | 5회 | |

## 활동지 1-1

### <지금까지 잘 지내 줘서, 고마워>
### _자기 인식을 돕는 그림책 활용_내 마음은

이 모두가 내 마음이야?
내 마음이야!

《내 마음은》, 코리나 루켄 글그림/김세실 역, 나는 별

지금 내 마음은 무엇과 같나요?

파란 하늘 둥실 떠 있는 구름과 같이 고요하다든가, 닫힌 창문에 커튼을 친 어둑한 방 안같이 답답할 때도 있습니다.
이 책을 읽으면 아이들이 고개를 끄덕이며 함께합니다.

"미끄럼틀을 타는 것과 같은 마음은 어떨 때니?"

"꽉 닫힌 창문과 같은 마음일 때는 언제이니?"
이렇게 그림책의 그림과 같은 자신의 마음을 찾아 봅니다.

**"선생님, 이것 말고도 또 다른 마음이 있어요. 어떤 것이 진짜 제 마음이에요? 티라노사우루스처럼 화가 날 때도 있거든요."**

아이들은 부정 감정이 드는 마음을 나쁜 것으로 이해하는 경우가 있습니다.
부정 감정은 나쁜 것이 아니라 그 상황에 대한 나의 반응이라고 알려 준답니다.

"문 밖에서 '똑똑' 노크 소리가 들리면 어떻게 하지?"
"네! 들어오세요!"
"누구세요?"
"잠깐만요."
"똑같이 '똑똑' 해요."
"가만히 있을 건데요."
"그래, 맞아. '똑똑'이라는 상황에 각자가 다양한 반응을 하는 것처럼 감정을 품고 있는 마음도 반응을 하는 거란다.
부정 감정으로 또는 긍정 감정으로 말이야. 이것은 모두 나의 마음, 나의 것이고 나쁜 것이 아니야. 어두운 밤 혼자 걸어가다 무서운 마음이 들면 어떻게 하니? 갑자기 걸음이 빨라지거나 뛰어가지? 그렇게 부정 감정도 우리를 지키기 위해 내 안에서 반응하는 거야. '지금 좀 위험할 것 같아. 뛰어!'라는 의미가 있는 거지. 그런데 부정 감정이라고 나쁜 것이라 여겨서 계속해서 평소와 같이 걸어가면 진짜 위험한 일이 생길 수 있잖아. 그때는 부정 감정을 잘 분별해서 힘껏 뛰어가는 용기를 선택할 필요가 있어. 그러니 부정 감정도 우리에겐 필요한 거란다."

이렇게 아이들에게 상황에 대한 반응이 마음에서 일어남을 나누었습니다. 그리고 그 반응에 무엇을 선택할지 자신의 용기를 믿는 힘을 가지길 응원하며 활동합니다. 이렇게 자신의 다양한 마음을 찾아 보며 자기 인식과 이해를 도울 수 있는 질문 몇 가지를 소개합니다.

질문 1. 그림책의 그림 중 가장 마음에 와닿는 그림은 어떤 그림인가요? 그 그림을 보았을 때 어떤 마음인가요?

| 마음에 와닿은 그림 | 그림에 대한 마음 |
|---|---|
|  |  |

질문 2. 그림에 대한 마음을 나의 일상 중 어떠한 상황일 때 느낄 수 있나요?

| 그림에 대한 마음을 일상 중 느끼는 경우 |
|---|
|  |

질문 3. 그림책 속에서 스마트폰을 하게 되는 마음과 가장 가까운 그림을 찾아보고 그 마음을 설명해 봅시다.

| 스마트폰을 하게 되는 마음 그림 | 그림 설명 |
|---|---|
|  |  |
|  |  |
|  |  |

질문 4. 주로 내가 스마트폰을 하게 되는 마음은 어떠한 상태인지 알아보았어요. 이런 내 마음을 그림으로 표현하고 나에게 소개하는 글을 써 봅시다.

| 스마트폰을 하고 싶은 마음 | 마음 설명 |
|---|---|
|  |  |

## <문제와 마주하기>_문제와 나 분리하기
### _문제 캐릭터 분석하기

    코칭 첫날 아이들의 얼굴이라도 익히고자 일찍 도착하고 보니 수학 수업을 하고 있었다.
    그 속에서 유난히 눈에 띄는 초등학교 4학년 남학생이 있다. 마침 선생님은 다른 친구를 도와주고 계셨는데 남학생은 연신 이런 말을 쏟아 내고 있었다.

    "선생님, 모르겠어요. 선생님, 모른다고요. 선생님, 모르는데 어떻게 해요."

    남학생의 말을 들은 선생님은 주의를 주었지만 요동하지 않고 계속되는 행동에 결국 선생님에게 야단을 들었다.
    독서 코칭을 시작하며 그 남학생은 '울트라 최강'이라는 별칭을 만들어 소개했다. 게임에서 항상 이기기 위해서 별칭을 그렇게 만들었다고 한다. 남학생에게 게임에서 이기면 좋은 점이 무엇이냐고 질문하니 자신을 부러워하고 최고라고 해 주는 것이 기분 좋다고 한다. 그래서 이 남학생은 '울트라 최강'이 되기 위해 하루에 5시간 이상 게임을 하고 있었다.

그렇다면 반대로 게임을 해서 좋지 않은 점은 무엇인지 물었다. 그러자 남학생은 부모님에게 매일 혼나는 것이라고 했다.

이 남학생은 게임하며 '울트라 최강'이 된 듯한 기분을 계속 유지하고 싶은 것이다. 게임은 이 남학생의 선택과 행동에 바로 피드백을 해 주며 욕구를 충족시켜 주고 있었다. 게임에서 이기게 되면 별점과 보물 등으로 보상을 받고 그 보상이 쌓이면 레벨 업 하여 폭죽과 박수를 쳐 주며 '너는 정말 최강이야!'라는 듯한 멘트를 보내 준다. 그럴 때마다 이 남학생은 환호성을 지르며 신나게 다음 게임을 진행한다. 그렇게 시간 가는 줄 모르고 게임을 하다 부모님의 야단을 듣게 되는 날의 스트레스는 다시 게임으로 푼다. 게임만큼 자신에 대한 '인정' 욕구를 채워 주는 것이 없기 때문이다. 게임에 지면 화면에 표현되는 '아깝게 졌다'는 멘트는 아이의 아쉬워하는 마음에 공감하며 달래 주는 즉각적인 피드백이다. 이는 다시 게임에 도전하게 한다. 바로 채워지는 보상과 인정의 피드백으로 인해 게임에 더 몰두하게 된다.

타인으로부터 주목과 인정을 받고 싶은 '울트라 최강'에게는 무엇이 문제일까?

남학생 자체의 문제일까? 아니면 하루 5시간 게임 시간이 문제일까? 문제와 자신을 구분하여 볼 수 있는 시선을 열어 주기 위해 1차시에 읽은 그림책 《뛰어라 메뚜기》의 다음 부분을 이어서 읽어 주었다. 아이들이 자신과 문제를 구분할 수 있기를 기대하며 그림책을 읽어 주었다.

**"메뚜기는 바위 꼭대기로 나와 대담하게 햇빛을 쬐기 시작한다. 눈에 띄어 금방 잡아먹힌다는 것을 알면서도 말이다. 아니나 다를까 무서운 뱀과 사마귀가 메뚜기에게 달려들었다."**

2차시는 여기까지만 읽고 독서 코칭을 진행했다.

메뚜기는 바위 꼭대기에서 무엇을 하는 것일까?
메뚜기에게 문제는 무엇일까?
그 문제로 인한 힘겨움은 무엇일까?

문제는 시도 때도 없이 생명을 위협하는 적들이다. 그것으로 인한 계속되는 불안과 두려움에 힘겨움이 있다. 최선을 다해 생명을 지킨 메뚜기 자신은 결코 문제가 아님을 알게 된다. 문제와 마주함으로 문제와 자신을 구분하여 보기 시작했다. 부정적 상태인 천적이라는 문제와 메뚜기 자신을 분리하여 보기 시작했다. 문제에서 벗어나기 위해 최선을 다해 숨었지만 두려움과 공포가 사라지지 않는다. 부정적인 상태는 변하지 않으면 계속하여 문제로 나타나는 특징이 있다. 그래서 메뚜기는 숨는 것 외에 다른 해결 방법을 생각하기 시작한다.

아이들도 스마트폰을 하는 자신이 문제가 아니라 스마트폰에 과의존함으로 인해 발생하는 상황이 문제인 것을 인지하기 시작했다. 반복되는 관계의 갈등과 감정대로 행동하는 것이 문제임을 알았다. '울트라 최강'도 게임 시간으로 인해 혼난다는 것을 알아차리고 코칭에 집중하기 시작하며 눈빛과 태도가 달라졌다. 바위 위에 우뚝 선 메뚜기처럼 말이다.

"울트라 최강, 너는 주로 무엇을 하니?"
"게임하는데요."
"게임을 어디서 얼마나 하는지 말해 줄 수 있어?"
"아침에 일어나서 하고, 학교 끝나고 하고, 센터 수업 끝나고 하고, 집에 가서 자기 전까지 하는데요?"
"그럼 게임하는 네가 문제일까? 게임을 많이 하는 것이 문제일까?"
"그림 그리는 화가가 문제일까? 그림만 그리는 것이 문제일까?"

질문을 들은 아이들이 곰곰이 생각하더니 자신과 문제를 구분하여 표현해 주었다.

스마트폰 과의존에서 멈추게 하기 위해서는 스마트폰을 과의존하는 원인과 결과를 깨달아야 한다. 그러기 위해서는 스마트폰 과의존으로 인해 발생한 문제를 직시해야 한다.

아이들이 인식하고 있는 스마트폰 과의존으로 인한 문제는 무엇일까? 스마트폰 과의존 예방 프로젝트로 진행하는 코칭이라 문제 상황들의 예시를 제공하였다. 대표적인 문제로 〈게임〉, 〈메신저, SNS〉, 〈정보 검색〉, 〈웹툰〉, 〈음란물〉 중 어떤 것인지 확인하는 시간을 가졌다. 남학생들에게 문제가 되는 것은 게임, 여학생들은 메신저, SNS, 웹툰이 가장 많았다.

  자신이 발견한 문제를 객관적으로 보기 위한 활동으로 '문제 캐릭터 분석하기'를 진행했다. 발견한 문제 캐릭터의 그림을 그리고, 이름과 나이, 캐릭터가 커지는 경우 그리고 커진 상태로 두면 어떤 일이 생기는지 각자 활동지로 활동하며 나누는 시간을 가졌다.

  어느새 아이들은 메뚜기처럼 자연스럽게 자신과 문제를 구분했다. 매번 지적과 판단의 발판이 되었던 문제를 자신과 동일시하여 생각하던 아이들이 객관적으로 볼 수 있는 눈과 마음의 힘이 생기기 시작했다.

"울트라 최강이 찾은 문제는 무엇인지 말해 줄 수 있니?"
"네! 제가 찾은 문제는 '블랙홀'이에요."
"우와~ 블랙홀! 좀 더 구체적으로 소개해 줄 수 있니?"
"시간을 정하지 않고 게임을 계속해서 '블랙홀'이라고 이름을 만들었어요. 나이는 4살이에요. 1학년 때부터 게임을 시작했거든요. 이 블랙홀이 커지는 때는 게임이 레벨 업 될 때와 친구와 게임할 때 그리고 집에 혼자 있을 때이고, 그대로 두면 계속 게임을 하게 돼요. 그래서 엄마에게 혼도 나고, 친구가 그만하자고 하면 화가 나면서 욕도 해요."
"그럼 울트라 최강이 해결하고 싶은 문제를 목표로 정해서 한마디로 말해 줄 수 있겠니?"

"음… 시간을 정해서 게임을 하자!"
"이야! 우리 울트라 최강 정말 대단한 목표를 찾았구나! 멋지다, 아들!"

자신이 문제아라고 들으며 그렇게 생각해 온 아이들이다. 하지만 문제와 마주한 아이들은 주눅 들거나 짜증스러워하지 않았다. 바위 위에 우뚝 선 메뚜기처럼 비장하고 단단했다.

문제와 자신을 분리하여 보는 눈을 회복하여 자신이 문제가 아님을 알았기 때문이다. 그리고 분리된 문제를 통해 숨어 있는 목표를 찾았다.

## 독서 코칭으로 UP 2

### 현실 인식
### _일상에서 발견한 문제의 의미

---

목표를 설정하여 성취하기 위해서는 현실 인식이 우선되어야 한다. 목표로 선택할 현실에 대한 객관적 인식은 목표 성취를 위한 명확한 동기가 된다. 이는 현실에서 느끼는 문제를 분석하고 의미를 인식하는 활동을 통해 가능하다.

아이들이 객관적으로 현실 파악을 할 수 있도록 '문제 외재화' 활동을 한다.

주제 책을 함께 읽고 이야기 속 문제를 발견하여 주인공과 문제를 분리하여 분석하는 활동을 통해 문제 해결을 위한 목표 설정 연습을 진행한다. 그 뒤 아이들이 발견한 문제의 외재화 활동으로 '문제 캐릭터' 분석하기 활동을 진행한다. 이 활동을 통해 아이들은 게임 속 캐릭터를 만들듯 자신만의 개성 있는 캐릭터를 그리고 이름을 만든다. 언제부터 캐릭터가 만들어졌는지 기억하여 나이를 측정한다. 게임 속 캐릭터처럼 언제 파워가 세지고 커지는지 그리고 어떠한 상황에서 작아지는지를 자신의 일상을 객관적으로 관찰하여 분석한다.

캐릭터가 커지는 상황을 통해 목표 성취에 대한 장애 요인이 무엇인지 확인할 수 있다. 캐릭터가 작아지는 상황을 확인하며 자신의 장점과 강점을 찾는다. 이러한 활동을 통해 아이들은 문제에 대한 죄책감에서는 자유로워지고 문제 해결을 위한 구체적인 목표 설정에 책임을 느낀다.

문제 캐릭터 분석 활동을 통한 현실 인식 활동을 하며 혹 주제에서 벗어난 이야기를 하게 되면 "그 이야기는 목표와 어떤 관계가 있는 것이니?"라는 질문을 통해 현실 인식을 명확히 할 수 있도록 돕는다.

현실 인식과 장애물 확인 질문의 예이다.

- 목표 달성을 방해하는 것은 무엇입니까?
- 목표에 관한 현실 상황은 어떻습니까?
- 당신의 에너지를 빠지게 하는 것은 무엇입니까?
- 가장 피하고 싶은 것은 무엇입니까?
- 원하는 상태가 되기 위해 변해야 하는 것은 무엇입니까?
- 지금의 상황이 앞으로 1년간 지속된다면 어떤 영향이 있습니까?
- 10년 뒤의 성공한 자신이 이 문제를 본다면 어떻게 보일까요?
- 지금 정확히 무슨 일이 일어나고 있나요?
- 무엇이 캐릭터를 더 크지 못하게 막나요?
- 지금까지 어떤 행동에 의해 캐릭터가 커졌나요?

이러한 질문을 통해 아이들이 문제와 자신을 분리하여 객관적인 시각으로 현실을 볼 수 있는 훈련을 하게 된다. 문제를 인식하고 자신의 상황을 이해하게 된다. 그로 인해 해결해야 할 문제를 명확하게 파악하게 되는 것이다.

## 활동지 2

## <문제와 마주하기>_문제 캐릭터 분석하기
## _뛰어라 메뚜기

《뛰어라 메뚜기》, 다시마 세이조 저/정근 역, 보림

  2차시 활동으로 1차시에 읽었던《뛰어라 메뚜기》다음 일부분을 읽고 진행하는 '문제와 나 분리하기', '문제 캐릭터 만들기' 활동지입니다. 메뚜기가 문제의 상황과 마주하는 사건을 통해 문제와 자신을 분리하여 객관적으로 볼 수 있는 시선을 돕는 활동입니다.

활동지 1. 메뚜기에게 나타난 문제는 무엇이며 그로 인한 힘겨움은 어떤 것일까요? (1번의 질문을 하기 전 학생들에게 책을 읽은 후 "여기서 문제는 무엇일까요? 메뚜기가 문제인가요? 달려드는 뱀과 사마귀가 문제일까요?"의 질문을 통해 문제와 메뚜기를 분리하여 볼 수 있도록 한다.)

| 메뚜기에게 나타난 문제 | 문제로 인한 힘겨움 |
|---|---|
| 답변 예시<br>뱀, 사마귀, 새, 죽음 | 답변 예시<br>불안과 두려움, 잠을 못 잠 |

활동지 2. 메뚜기에게 나타난 문제를 해결하지 않으면 어떻게 될까요?

| 문제를 해결하지 않으면 생기는 일 |
|---|
| 답변 예시<br>계속 불안 속에서 살게 된다.<br>다른 메뚜기처럼 죽게 된다. |

## 🧭 나와 문제 분리 인식 활동지

활동지 3. 나에게 나타난 문제는 무엇인가요? 문제에 ○ 해 보세요. 그리고 그 문제로 인한 힘겨움은 무엇인지 생각해 봅시다. (각자가 발견한 문제에 대해 충분한 이야기를 나눕니다.)

| 나에게 나타난 문제 ||||| 
|---|---|---|---|---|
| 게임 | 메신저/SNS | 정보 검색 | 웹툰 | 음란물 |
| 문제로 인한 힘겨움 |||||
| 답변 예시<br>공부 시간 놓침, 친구가 없음, 화를 많이 냄, 욕을 하며 소리침, 재미있는 것이 없음, 부모님과의 관계 |||||

활동지 4. 활동 2에서 확인한 문제로 '문제 캐릭터'를 만들어 보고, 만든 캐릭터를 소개해 봅시다. (답변 예시)

| 캐릭터 그리기 | <br>한번 스마트폰을 잡으면 계속 손에 쥐고 있어요. 특히 게임을 하거나 친구들과 톡을 할 때요. 그래서 저의 문제 캐릭터 그림을 블랙홀로 그렸어요. |
|---|---|

| 캐릭터 이름 | 블랙홀 |
|---|---|
| 캐릭터 나이 | 4살<br>(초등학교 1학년 때부터 시작해서) |
| 캐릭터가 커지는 경우 | 1. 게임이 레벨 업 될 때<br>2. 친구와 같이 게임을 할 때<br>3. 집에 혼자 있을 때 |
| 커진 상태로 두면 생기는 일 | 1. 게임에서 지게 되면 욕을 한다.<br>2. 친구가 그만하자고 하면 화가 난다.<br>3. 계속 게임을 하여 엄마에게 야단을 맞는다. |

활동지 5. 문제 캐릭터 분석을 통해 알게 된 것을 무엇인가요?

### 문제 캐릭터 분석을 통해 알게 된 것

*답변 예시*

문제 캐릭터가 커지면 또 다른 문제가 나타난다는 것을 알았다.
나는 계속 문제에 갇혀 있는 것 같다.

활동지 6. 문제 해결을 위한 목표를 정해 봅시다.

### 문제 해결을 위한 목표

*답변 예시*

시간을 정해서 게임을 한다.

활동지 7. 오늘 활동한 내용을 생각해 보며 바라는 내가 지금의 나에게 목표를 소개하는 글을 써 봅시다.

### 바라는 내가 지금의 나에게 목표 소개하기

*답변 예시*

안녕, 나는 네가 바라는 나야.
나는 지금 네가 바라는 대로 엄마에게 매일 칭찬을 받고 있어.
그렇게 될 수 있었던 것은 '시간을 정해서 게임을 한다.'라고
목표를 정했거든.
지금의 나 ○○○야,
너의 목표를 꼭 기억하고 실천하면 엄마에게도 늘 칭찬을 받을 수 있어.

활동지 8. 목표에 대한 점수는 얼마인가요? 그리고 어떤 변화가 있으면 1점을 올릴 수 있나요?

| 목표에 대한 점수 | | | | | | 1점을 올릴 수 있는 변화 |
|---|---|---|---|---|---|---|
| 10 | | | | | | |
| 9 | | | | | | |
| 8 | | | | | | |
| 7 | | | | | | |
| 6 | | | | | | *답변 예시* |
| 5 | | | | | | 게임으로 엄마에게 |
| 4 | | | | | | 야단맞지 않으면 1점을 올린다. |
| 3 | | | | | | |
| 2 | | | | | | |
| 1 | | | | | | |
| | 1회 | 2회 | 3회 | 4회 | 5회 | |

## 독서 코칭으로 UP 3

### 대안 그리고 선택

코칭의 원칙은 '성과=잠재 요소-장애 요소'이다(《이너게임》, 티머시 골웨이).

티머시는 테니스 선수들이 어떻게 하면 이기는 게임을 하는지를 '이너게임'이라는 개념으로 설명한다. 선수들을 관찰한 결과 테니스 게임을 시작하기 전에 이미 경기의 승패는 선수들의 내면에서 시작된다고 한다. '심리적인 싸움은 이미 상대방을 자신보다 우위에 혹은 열위에 놓고 시뮬레이션을 돌리는 것'에서 시작한다. 따라서 심리적으로 이미 경기에 진 상태에서 시작하는가 혹은 이기고 시작하는가는 '자신감'을 넘어서 '자존감'의 문제와 연결되어 있다.

코칭은 마음에서 발견한 자신의 '잠재 능력'을 통해 '장애 요인'을 이길 수 있도록 돕는다.

목표를 성취하기 위해서 코치(부모님과 선생님)가 해야 할 일은 아이가 가진 잠재 능력(강점, 장점, 경험)을 발견하게 도와주고 일정한 관리와 자극, 훈련과 학습을 통해서 성과로 연결될 수 있도록 도와주는 일이다.

여기서 중요한 부분은 장애 요인을 알아내는 것이다.

'장애 요인'이 해결되지 않아서 '잠재 능력'이 성과로 이어지지 못하는 경우가 많다.

'문제의 외재화'의 '문제 캐릭터 분석' 활동으로 캐릭터가 커지는 경우가 바로 아이들이 발견한 장애 요인이 된다. 일상에서 인지하지 못했던 장애 요인을 발견하고 또한 캐릭터가 작아지는 경우를 일상의 경험을 통해 확인하며 강점과 장점을 찾게 되고 다른 대안을 생각해 볼 수 있게 된다. 경험 속에서 찾은 강점과 장점을 강화할 수 있는 대안들을 브레인스토밍 형식으로 마음껏 표현할 수 있도록 한다.

강점을 통해 대안을 찾게 되면 실천에 대한 자신감이 생기고 부담을 덜게 된다. 경험을 통해 찾은 강점을 활용하는 대안이기 때문이다. 이러한 과정을 통해 아이들의 '자기 신뢰'가 높아진다.

코칭을 진행한 결과로 얻어야 할 성과는 코칭을 받는 사람이 '자기 신뢰'가 높아져야 한다는 것이다. 다른 사람을 의존하는 성향에서 벗어나 자신의 장점 그리고 경험을 통해 확인하고 인지한 강점과 가치를 기준으로 대안을 선택하는 활동을 통해 자율성을 획득한다. 이는 스스로에 대한 '자존감'을 성장시킨다. 이러한 자율성을 기반으로 스스로에 대한 신뢰가 높아지면 코칭은 어느 정도 성공하게 된다. 스스로 새로운 목표를 정하고 문제를 해결해 가며 자신의 잠재 능력을 개발해 나가는 것이다.

### ◈ 강점 발견을 위한 세 가지 요소와 질문 예시

**1. 재능**(남들보다 더 잘하는 것)

"남들보다 더 쉽게(더 빠르게) 해내는 것이 있다면 무엇인가요?"

"다른 사람들이 당신에게 잘한다고 하는 일은 무엇인가요?"

**2. 경험**(남들이 가지지 못한 색다른 경험)

"나만의 특별한 경험을 하나 소개해 주시겠어요?"

"문제 캐릭터가 작아진 경험 이야기를 해 주시겠어요?"

**3. 지식**(자신만이 알고 있는 특별한 지식)

"삶의 경험을 통해 깨달은 나만의 방법은 무엇인가요?"

"지금까지 읽어 본 책 중에서 마음속에 남아 있는 글 하나 소개해 주시겠어요?"

(《코칭의 정석》, 이동운 저, 2007 참고)

다양한 대안들을 생각할 수 있도록 돕는 질문들의 예시이다.

- 당신의 강점은 무엇인가요?
- 그 강점으로 무엇을 할 수 있나요?
- 또 무엇을 할 수 있나요?
- 예전에 효과가 있었던 방법은 무엇인가요?
- 이 방법을 실천하기 위해 누가 당신을 도울 수 있나요?

- 어떤 방법이 가장 좋은가요?
- 이 방법은 어떤 효과가 있을까요?
- 반복되는 문제를 막기 위해 무엇을 할 수 있나요?
- 제 경험을 제안해도 될까요?
- 어떤 방법을 선택할 수 있나요?

아이들이 다양한 대안을 생각할 수 있도록 기다려 주는 것이 필요하다. 예전의 경험을 통해서 대안을 생각하고 발견한 자신의 강점을 활용한 대안을 만들 수 있도록 믿고 기다리는 모습을 보여 주는 것도 아이들에게 또 하나의 경험이 된다.

아이들과 코칭을 진행하며 대안 찾기 활동을 하다 보면 경험에서 긍정적인 대안을 생각하지 못하는 아이들이 많다. 이는 긍정적인 경험이 없어서이다.

아이들이 긍정적인 경험을 할 수 있는 환경을 만들어 주어야 한다.

가정이나 공동체에서 함께하는 즐거움을 누릴 수 있는 경험을 만들어 주었으면 한다.

크고 화려한 경험이 아니어도 된다. 어떤 경험과 상황이라도 자기만의 의미와 해석을 할 수 있다면 잠재 요소를 성장시킨다.

아이들이 건강하고 행복한 대안들을 지혜롭게 선택할 수 있는 힘을 키워 주는 경험과 문화가 필요하다.

## 활동지 3

## 지지와 격려를 통해 잠재의식을
## 찾도록 돕는 그림책 활동

내가 날 수 있다고?
나는 고양이인데?
너는 갈매기란다.
그래서 날 수 있단다!

《갈매기에게 나는 법을 가르쳐준 고양이》,
루이스 세뿔베다 글/이억배 그림/유왕무 역, 바다출판사

오염된 바닷물로 인해 죽기 직전인 갈매기가 우연히 만난 고양이에게 자신의 알을 맡기며 새끼가 태어나면 나는 법을 가르쳐 달라고 부탁합니다. 고양이가 양육해 준 새끼 갈매기는 자신을 고양이로 알고 자랍니다. 고양이가 양육한 환경과 상호 작용을 통해 새끼 갈매기는 겉모습이 다른 고양이로 자신을 인식하며 고양이 울음소리를 내기 위해 노력하고 고양이처럼 보이기 위해 고민하며 훈련합니다. 새끼 갈매기가 날 수 있는 능력이 있지만 가족들이 그러한 능력을 알아보지

못하고 무시한 채 계속 살아간다면 새끼 갈매기는 평생 정확한 자기 인식을 할 수 없었을 것입니다. 다행히 고양이는 새끼 갈매기가 날 수 있도록 연구하며 방법을 찾아냅니다. 그러한 과정에서 새끼 갈매기는 자신이 고양이 소리를 내지 못했던 것과 고양이와 다른 외모의 자신을 조금씩 이해하기 시작합니다. 고양이는 사람의 도움까지 구하며 새끼 갈매기의 날 수 있는 능력을 펼칠 수 있도록 격려하고 지지합니다. 드디어 스스로 날 수 있게 된 새끼 갈매기는 고양이 머리 위로 돌며 감사 인사를 하고 떠납니다.

질문 1. 나는 것을 포기하려는 갈매기에게 고양이는 어떻게 하나요?

**포기하는 새끼 갈매기에게 한 고양이의 태도**

질문 2. 고양이의 태도는 새끼 갈매기에게 어떤 변화를 주었나요?

**새끼 갈매기의 변화**

질문 3. 나를 칭찬하고 격려하고 지지하는 사람들은 누구인가요?

| 나에게 칭찬과 격려와 지지를 하는 사람들 |
|---|
|  |

질문 4. 나에게 칭찬과 격려와 지지를 하는 사람들에게 들은 긍정적인 말은 무엇인가요?

| 나에게 칭찬과 격려와 지지를 하는 사람들 | 긍정적인 말(행동) |
|---|---|
|  |  |
|  |  |
|  |  |

질문 5. 나에게 칭찬과 격려와 지지를 하는 말을 들었을 때 기분이 어떤가요? 어떤 말이 가장 힘이 나나요?

| 나에게 칭찬과 격려와 지지를 하는 말을 들었을 때 기분 | 가장 힘이 나는 말 |
|---|---|
|  |  |

질문 6. 그들의 긍정적인 말은 나의 어떤 장점이나 가능성을 확인할 수 있게 돕나요?

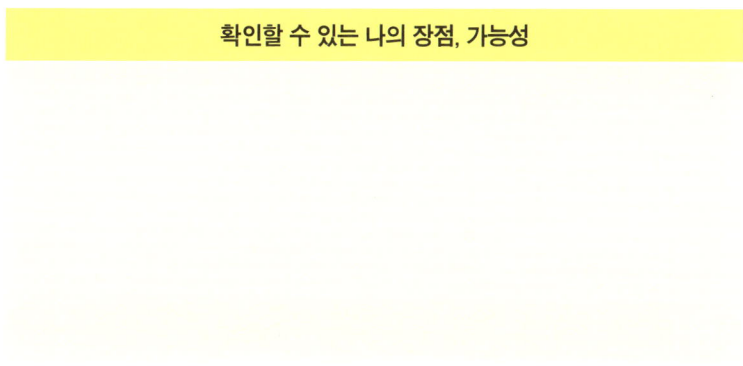

확인할 수 있는 나의 장점, 가능성

질문 7. 이러한 장점과 가능성을 가진 나는 어떤 아이인지 소개하는 글을 써 봅시다.

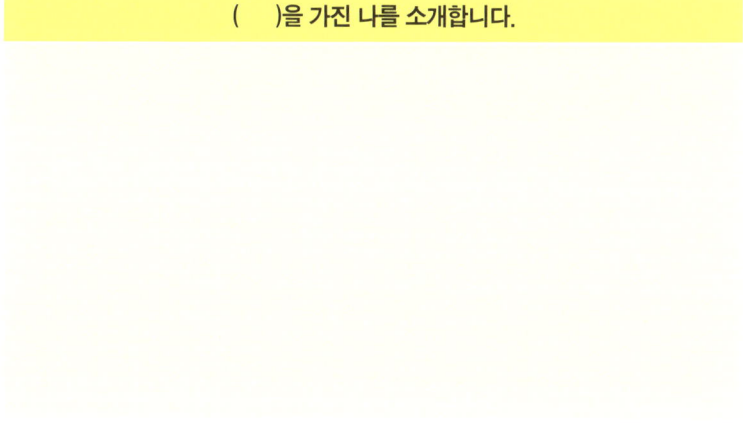

(     )을 가진 나를 소개합니다.

# 목표가 하는 질문으로 만난 나의 진짜 마음
## _OUTCOME

### 🧭 목표를 성취해서 가지고 싶은 것이 무엇이니?

문제 캐릭터 분석 활동을 통해 강점과 장점을 찾아 목표 성취동기 활동을 진행한다.

코       치: 울트라 최강, 너의 문제 캐릭터 '블랙홀'을 통해 너의 어떤 장점을 확인할 수 있니?

울트라 최강: 블랙홀에 장점이 있어요? 다 흡수한다? 한번 잡으면 놓치지 않는다?

코       치: 오! 그런 장점이 있구나. 그럼 집중력이 좋다, 한번 시작하면 끝까지 하는 끈기가 있다. 이렇게 표현해도 되는 거니?

울트라 최강: 아, 네. 한번 게임을 시작하면 끝까지 하려고 하니까요. 하하하하.

코       치: 그럼 그 블랙홀은 너에게서 무엇을 확인하고 싶은 걸까?

울트라 최강은 한참을 생각한 후 말했다.

울트라 최강: 다른 걸 할 때도 집중해서 할 수 있다는 것을 확인하고 싶은 건가?
코　　　치: 오! 그렇구나. 다른 걸 할 때도 집중한다면 어떤 것을 말하는 것일까?
울트라 최강: 공부하는 것이랑 해야 하는 숙제에 먼저 집중할 수 있다는 걸까요?
코　　　치: 공부와 숙제에 먼저 집중한다는 것은 어떤 뜻이니?
울트라 최강: 제가 무엇을 먼저 해야 하는지 알고 공부나 숙제할 때도 게임하는 것처럼 집중해서 할 수 있다는 뜻이요.
코　　　치: 음~ 공부와 숙제를 먼저 선택해서 하고, 집중해서 할 수 있다는 뜻이구나.
울트라 최강: 네, 맞아요.
코　　　치: 좋아. 최근에 집중해서 공부하거나 숙제한 경우를 얘기해 줄 수 있어?
울트라 최강: 아니요, 없어요. 그런데 생각해 보니 수학 공부할 때 모르는 부분이 생기면 제가 이해할 때까지 계속 선생님께 질문을 해요.
코　　　치: 이야, 정말 훌륭한 태도인데? 조금 더 이야기해 줄 수 있어?
울트라 최강: 하하하, 훌륭하다고요? 그런 말 처음 들어요. 혼나는

일이 더 많았는데요?

코　　　치: 혼난다고? 이야기 좀 더 해 주겠니?

울트라 최강: 제가 계속 질문하니까 선생님이 그만하라고 야단치는 경우가 더 많아요.

코　　　치: 그러면 우리 울트라 최강은 어떻게 하니?

울트라 최강: 음…….

울트라 최강은 한동안 시선을 고정해서 생각하더니 조심스럽게 말을 이어 갔다.

울트라 최강: 선생님, 제가 생각해도 이상하긴 한데요. 선생님이 매번 '좀 기다려'라고 하시거든요? 그러면 저는 짜증이 나요. 그래서 계속 똑같은 말을 해요. '선생님, 모르겠어요.'를 장난처럼 계속 말을 해요. 그래서 더 혼이 나요.

코　　　치: 아, 그랬구나. 선생님이 좀 기다려 달라고 하시면, 우리 울트라 최강은 짜증이 나면서 장난스러운 말투로 말을 해서 혼이 나는 거구나?

울트라 최강: 네.

코　　　치: 그런데 어떤 점이 이상하다는 건지 너의 생각을 말해 줄 수 있어?

울트라 최강: 저는 왜 그렇게 계속 선생님이 화가 났는데도 '모른다'는 말을 계속하는지 이상해요.

코       치: 우리 울트라 최강이 계속 같은 말을 하지 않는다면 어떤 일이 일어난 걸까?

울트라 최강: 제가 한 질문에 바로 선생님이 알려 주시면 하지 않죠.

코       치: 그럼 울트라 최강, 네가 원하는 것은 무엇이지?

울트라 최강: 선생님이 제 질문에 바로 알려 주시는 거요. 제가 짜증 나는 이유는 선생님이 바로 알려 주지 않아서 그런 것 같아요.

코       치: 선생님이 바로 알려 주시는 상상을 하면 기분이 어떠니?

울트라 최강: 속이 시원해요!

코       치: 우리 울트라 최강이 원하는 것은 다른 사람이 너의 말과 행동에 대해 바로 알아주고 반응해 주는 것이니?

울트라 최강: 네, 맞아요.

코       치: 그럼 너의 문제 캐릭터 '블랙홀'의 장점은 무엇이라고 했지?

울트라 최강: 집중하는 것과 흡수하는 거요.

코       치: 선생님이랑 이야기 나눈 것을 정리해 줄 수 있겠어?

울트라 최강: 선생님이랑 말하면서 알게 되었는데요, 저는 다른 사람들의 마음을 다 흡수하고 싶은 것 같아요. 그런데 집중하는 것을 이상하게 사용하고 있는 것 같아요.

코       치: 이야, 중요한 점을 알아냈구나. 그럼 울트라 최강이 집중하는 것을 어떻게 사용하면 좋을까? **울트라 최강, 너의 목표인 '시간을 정해서 게임을 한다.'를 통해 결국**

진짜 받고 싶은 것은 무엇이지?

울트라 최강: **엄마 칭찬이요. 엄마랑 싸우지 않고 사이좋게 지내고 싶어요.**

코      치: 목표를 이루면 엄마 칭찬을 받고 엄마와 싸우지 않게 되는구나! 그럼 너의 집중을 무엇에 사용해야 할까?

울트라 최강: 아, 시간을 지켜서 게임을 하는 거요!

이렇게 긴 여정을 통해 울트라 최강은 자신의 진짜 마음을 만났다. 엄마의 칭찬과 함께하는 다정한 시간에 목말라 게임의 빠른 반응과 보상으로 인정을 채우고 있었다. 다른 사람이 자신의 존재를 알아차리기까지 집요하게 같은 말과 행동을 했다. 하지만 그것은 블랙홀처럼 채워도 채워지지 않는 목마름이었다. 그러한 집요함을 목표인 '시간을 정하여 게임한다.'를 위해 사용할 수 있다는 생각을 하기 시작했다. 시간을 정하여 게임하고 과제와 공부를 하는 자신이 칭찬받는 모습을 떠올렸다.

그리고 캐릭터가 커지는 경우를 통해 목표 성취의 장애 요인을 확인했다. 울트라 최강의 캐릭터가 커지는 경우는 친구와 함께 게임할 때, 집에 혼자 있을 때였다. 혼자 있는 것이 싫어서 게임하게 된다는 것이다.

캐릭터가 작아지는 경우는 친구들과 축구를 할 때와 가족 여행을 갈 때, 그리고 엄마와 음식을 만들 때라고 했다. 즉 울트라 최강은 함께하는 상호 작용을 통해 관심과 사랑으로 인정을 받는다고 인지했다.

목표를 통해 가지고 싶은 자신의 진짜 마음을 알게 되면 장애물을 넘어갈 힘이 생기게 된다.

　장애물보다 자신의 진짜 마음의 힘이 더 강하다는 것을 인지한 아이들은 자신의 강점과 장점을 통해 장애물을 넘어가기 시작한다.

　아이들에게 목표를 정했으며 그것을 통해 결국 무엇을 가지길 원하는지(Outcome), 즉 자신의 진짜 마음을 알고 만날 수 있도록 하는 것이 중요하다.

　이는 목표를 이루어야 하는 책임 의식을 가지게 하여 실천할 힘이 된다. 여기서 책임 의식은 문제의 상황 그 자리에 머무르는 것이다.

　스마트폰으로 회피하는 것이 아니라 자신의 진짜 마음의 원함(Outcome)을 위해 그 자리에 머물며 목표를 위해 실천하는 것이 책임 의식을 가지는 것이다.

　진짜 마음, 진짜 바라는 것(Outcome)을 그릴 수 있다면 큰 힘을 발휘할 수 있다.

　그 힘은 자신의 잠재 능력으로 선하고 건강한 선택을 할 수 있도록 한다.

　그러니 코칭 대화의 질문을 통해 아이들이 자신의 진짜 마음을 알아차릴 수 있도록 돕는 감성리더의 문화가 필요하다.

**5장**

## 아이의 마음 힘 실어 주기

감성리더에게

## 01
## 하나를 보고 열을 판단한다고?
_하나가 품고 있는 마음을 알아주는 문화

우리 아이들은 가치의 조건에 익숙하다.

"엄마가 100점 받으면 아이폰으로 바꿔 준다고 했어요."

시험 기간이 되면 자주 듣는 말이다. 무엇을 성취하고 받는 보상으로 자신의 가치를 인식하게 될까 우려가 된다. 우리는 몇 번 실수하면 늘 실수하는 사람이나 실패자로 여겨 실망하거나 낙담한다.

인간중심상담에서 가치의 조건화는 어른의 가치가 아이의 내면에 형성되는 현상을 말한다. 우리는 긍정적인 자기 존중을 얻기 위해 노력하고, 이러한 긍정적 자기 존중의 욕구 때문에 가치의 조건화 태도를 형성한다. 우리가 자신에 대하여 긍정적으로 느낄 수 있는 능력은 타인이 나에게 보여 주는 긍정적 존중의 표현과 일관성에 달려 있다. 타인이 사랑받고 존중받을 가치가 있다고 일러 주는 방식대로 생각하고 느끼고 행동하여 인정받는 아이들이 가치의 조건화를 형성하게 된다.

이렇게 아이들은 의식하지 못한 사이에 어른들이 부여한 가치 조건에 길들여진다. 어른들의 조건적인 긍정 관심으로 아이들의 행동과 사고방식은 어른들의 인정과 칭찬을 더 많이 받는 쪽으로 발전하게 된다. 이러한 현상은 자신이 되고자 하는 것에 대한 노력보다 타인이 설정한 기준에 맞추려는 노력에 더 집중하게 된다. 그 노력은 건전한 성장과 발달, 자기실현의 걸림돌이다. 인간중심상담의 칼 로저스는 진실성과 공감적 이해 그리고 무조건적 긍정적 존중 환경의 경험을 통해 가치의 조건화가 풀린다고 했다.

A는 덧셈과 뺄셈이 어려운 4학년 여학생이다. 가정불화와 왕따로 많은 상처를 입은 마음은 공부할 힘을 내지 못했다. 공부를 못한다고 아이들이 놀아 주지 않아 왕따라며, '선생님이 도와주세요.' 하며 다가온 학생이다.

어머니는 A의 학습 부진이 자기 때문이라며, 죄송하다고 전화 속에서 긴 한숨을 지으셨다.

아버지는 업무로 바쁘신 중에도 아이의 학습이 어떠한지 어떻게 도와야 할지 늘 문의하셨다. 이혼으로 함께하지 못하는 두 분이지만, 아이에 대한 마음은 진심이고 사랑임을 알기에 최선을 다해 답변을 드렸다.

우리 A가 자존감을 잃지 않고 씩씩하게 공부할 수 있도록 많은 사랑만 해 달라고 부탁드렸다. 틀린 여러 문제 말고, 맞힌 한 문제를 보고 격려해 달라고 신신당부를 드렸다.

그 하나라도 풀어낸 아이에게 집중해 달라고 했다. 그 힘으로 우리 A가 공부할 수 있기 때문이다. 그래서 A 학생은 마음을 먼저 채워야 했다. A 학생을 정의하는 것이 많은 조건들, 즉 상처들만 되지 않도록 해야 했다. 한 마디만 이해해도, 한 문제만 제대로 풀어도 엄청난 감격으로 피드백했다. 물개 박수와 엄지'척'하며 말이다.

"선생님, 이게 잘한 거예요? 하나밖에 풀지 못했잖아요…."
"하나라도 풀었잖아! 완전! 너무 잘했어! 나머진 또 풀어서 맞히면 되지!"
"그래요? 그럼 저 잘한 거예요?"
"그럼! 너무 잘했어!"
"이런 칭찬 처음 들었어요…. 그럼, 저 다른 애들처럼 제 학년 과정 공부할 수 있어요?"
"그럼! 이렇게 하나하나 하면 할 수 있어!"
"그럼, 저 열심히 할래요! 애들이 저 공부 못한다고 놀리는 거 이제 싫어요! 선생님이 도와주세요! 저 혹시 중간에 힘들어서 꾀부리면 혼내도 돼요!"
"그래! 이제 너 놀리지 못해! 이렇게 풀기 시작했잖아. 그리고 우리 A는 혼날 일이 없어! 이미 잘하고 있어! 이렇게 하루하루 열심히 해 보자!"
"네!"

그렇게 A 학생과 1년을 함께했다. 덧셈과 뺄셈을 지나 곱셈과 나눗셈, 그리고 분수… 도형 규칙까지 하여 제 학년 학습까지 도착했다. 그즈음 가끔 친구와 놀다 지각도 했다.

친한 친구 얘기도 하며 당당한 아이로 성장했다.

아이를 격려하고 지지하는 피드백을 하는 우리는 아홉 번의 실수가 아닌 한 번의 잘함을 볼 수 있어야 한다. 부정적으로 보면 조금씩 부정적으로 된다. 즉 부정적인 이야기를 하면 그 말대로 부정적인 모습이 더 드러난다. 그러나 긍정적인 것을 토대로 한 말은 아이들에게 그대로 흡수되어 긍정적인 태도와 생각이 드러나도록 돕는다.

"우리 아이는 너무 산만해요."라고 표현하는 학부모들을 종종 만난다.

"정말 산만한 것인가요? 호기심이 많아 관찰하고 싶은 것이 많은 것 같은데요?" 하며 되묻는다.

병리적인 원인이 아니라면 세상에 대한 호기심과 알고자 하는 마음이 가득한 것은 반길 만한 일이다. 긍정적인 마음으로 아이가 바라보고 찾아낼 것에 기대감의 눈빛으로 대한다면 그 눈빛의 힘으로 자신의 호기심이 향하는 곳을 찾게 되고, 관찰하게 되며, 알고 싶은 질문과 함께 성장하게 된다.

부정적이든, 긍정적이든 그러한 모든 과정이나 결과를 오롯이 받아내고 있는 아이 한 명에게 집중하는 것이다.

긍정적인 것에는 힘을 실어 주고, 부정적인 것에는 격려로 아이가 해석과 의미를 새롭게 할 수 있도록 도우면서 말이다.

이러한 시간은 자신을 믿고 잠재 능력을 발휘하여 자신과 다른 이를 도울 수 있는 힘을 가진 아이로 성장하도록 한다. 그러기 위해서 우리는 먼저 아이에게 집중해야 한다.

공부는 마음이 머리를 이끄는 것이다. 마음이 먼저 건강하게 채워져야 머리가 새로운 힘을 낸다. 그래서 힘든 아이들의 마음을 먼저 헤아려 주어야 한다.

먼저 마음에 힘이 생기면 공부든 관계든 다시 시작하는 아이들을 계속 확인하고 있다.

그래서 하나를 보고 열을 판단하는 것이 조심스럽다. 그 하나 속에 품고 있는 마음을 먼저 알아주려 애쓴다. 그 한 마음만 알아주면 나머지 열은 스스로 세워 간다.

아이가 표현하는 하나의 행동, 하나의 언어가 품고 있는 마음을 알아주고 마음의 힘을 지켜 주는 어른이 많아졌으면 좋겠다.

아이들에게 Doing이 아닌 Being으로 자신을 바라보며 마음을 알아주고 마음의 힘을 채워 주는 문화가 필요하다. 그 문화는 감성리더에 의해 지경을 넓힐 수 있다.

# 실패가 아니다. 선택에 의한 결과다
## _선택에 대한 용기를 기다려 주는 문화

자신을 망치기 위한 최고의 방법을 선택하여 야단과 질타를 들으려 하는 아이는 없다.

아이가 스마트폰을 오랜 시간 사용하는 선택을 한 것은 부모에게 야단과 잔소리 듣는 결론을 바라는 것이 아님을 기억하였으면 좋겠다. 인정이나 소통 또는 부정 감정에서 벗어나는 가장 손쉬운 방법, 즉 부정적인 감정으로부터 자신을 지키기 위해 아이들이 선택한 최선이 스마트폰이라 생각한다.

"왜 그렇게 스마트폰을 많이 하는 거니?" 하며 다그치는 것은 그 선택을 한 아이를 탓하는 것으로 받아들일 수 있다. 그 선택과 과정이 잘못된 것임을 알 수 있도록 도와주고 함께해야 한다.

"어떻게 해서 스마트폰을 많이 보게 되는 걸까?"라는 질문으로 아이가 무엇을 원하여서 스마트폰을 선택했는지 스스로 생각하고 인지할 수 있도록 도와주어야 한다.

소통과 인정과 부정 감정을 다루고자 하는 목표가 잘못된 것이 아니라 선택과 과정이 건강하지 못하다는 것을 아이가 인식하도록 말이다.

사람은 자신을 위한 최선을 선택한다. 가장 좋은 결과를 위해 최선의 것을 행하려고 하지만 잘되지 않을 뿐이다. 바라는 결과가 아니라고 해서 그 과정에서 최선을 다하지 않았다고 할 수 없다.

에디슨은 만 번의 실패와 한 번의 성공으로 전구를 발명했다. 하지만 에디슨은 만 번의 불이 켜지지 않는 방법과 불이 켜지는 단 하나의 방법을 찾았다고 말했다. 즉 만 번의 불이 켜지지 않는 방법을 찾아낸 것에 대한 성공을 한 것이다.

우리는 실패의 의미로 원하는 바를 이루지 못했을 때 즉 목표를 달성하지 못했을 때를 말한다. 하지만 그것은 실패가 아니라 그 결과로 결론 맺도록 한 선택과 그 과정의 몫이다.

모든 결과는 선택과 그 과정에 의한 산물이다. 원하는 결과가 아닌 것은 선택과 과정의 문제이지 결과가 잘못된 것이 아니다. 처음 선택하여 결과에 이르는 과정에서 어떤 문제가 있었는지 분석하여 찾는 것이 우선되어야 한다. 그래야 다음 선택에서는 바라는 결과를 위한 다른 선택을 할 수 있다. 바라는 결과가 아닌 다른 결과에 이른 것이지 실패가 아니다.

나의 생일날에 있었던 일이다. 아이들이 나의 생일을 어떻게 알았는지 귀여운 캐릭터가 꽂혀 있는 볼펜을 선물로 줬다. 고마워서 책상 연필꽂이에 꽂아 두고 있었다. 아니나 다를까, 아이들이 볼 때마다 귀엽다, 예쁘다, 나도 이런 거 있다…. 매일 한마디씩 하며 그 볼펜의 존재를 인식해 버렸다. 그러던 어느 날 그 볼펜만 있고 캐릭터가 사라졌다.

쉬는 시간 조용히 만져 보길 허락을 구한 B 여학생이 만져 보고 난 이후에 사라졌다.

B 학생은 항상 고개를 숙이고 다녔다. 긴 머리로 얼굴을 가린 채 개미만큼 작은 소리로 인사를 하며 들어온다. 물론 수업에 대한 의지도 흥미도 자신감도 없었다. 그 개미만큼 작은 목소리에 나의 모든 감각을 동원하여 들으려 애썼고, 결국 나의 그 몸부림에 B는 웃기 시작했다. 그런 B의 과제 도전과 성과에 엄청난 리액션(?)의 기쁨과 칭찬을 아끼지 않았다. 이젠 편하게 B의 소리를 들을 수 있다. 머리를 넘긴 어여쁜 얼굴도 잘 보인다. 다른 친구와도 얘기도 하며, 교실 끝에서 인사해도 다 들린다. 참 고맙고 기특한 아이라 반갑게 맞이한다. 그런데 그 B가 만져 본 후 볼펜의 캐릭터가 사라졌다. 사라진 캐릭터가 문제가 아니라, 정말 B가 그랬을까? 복잡한 생각으로 마음이 힘들어졌다. 물론 교실에는 CCTV가 있다. 어떻게 해야 할까…. 어떻게 해야 할까….

다음 날, B가 인사하며 들어왔다. 여느 때와 똑같이 인사하며 맞이했다. 학습에 대한 B의 반응에 칭찬과 응원을 보냈다. 그렇게 수업을 마무리하고, B를 불렀다.

"B야, 잠깐 선생님 좀 보고 갈래?"

"……네."

"B야, 어제 선생님 볼펜 만져 봤었잖아~"

"네."

"그런데, 그 캐릭터만 없어졌어. 혹시 기억나는 거 없니? 선생님이 선물받은 거라 꼭 찾고 싶거든."

"모르겠는데요."

"그래… 에고… 그럼, 좀 귀찮긴 하지만 CCTV 봐야겠네. 선생님이 혹시 다른 곳에 넣어 두고 기억하지 못할 수도 있으니 말이야. 우리 B가 혹시 지금 막~ 기억나는 것 없어?"

"…어……."

"어… 뭐가 이제 기억나? 선생님은 B가 솔직하게 말하면 너무 기쁠 것 같아!"

간절한 마음으로 그 아이와 눈을 마주했다.

"기억났어요…. 제가 예뻐서 만지다가… 모르고 주머니에 넣었어요…."

"아~ 그랬어? 예뻤구나!"

죄인처럼 고개를 푹 숙인 채 머리를 끄덕였다.

"그럼 그 캐릭터 지금 가지고 있니?"

끄덕끄덕하며 대답을 대신한다.

"그럼 다시 선생님 줄 수 있어?"

주섬주섬 가방을 풀어 뒤적이다 작은 손안을 가득 채운 캐릭터가 보인다. 조심스레 나를 향해 건네는 작고 여린 손을 살며시 포개고 말했다.

"고마워! B야. 다시 기억하고 사실대로 말해 주고, 이렇게 선생님에게 다시 돌려줘서 정말 고마워! B야, 이게 그렇게 예뻤어?"

고개를 숙인 채 끄덕끄덕하며 대답을 대신한다.

"그럼 이거 선생님이 B에게 선물로 줄게! 다음에는 '선생님~ 이거 너무 예뻐요~! 이거 저 주시면 안 돼요?' 하고 물어봐 줘~! 그럼 선생님이 우리 B에게 다~ 주지!"

"네…."

"선생님은 이런 캐릭터보다 우리 B가 훨씬 예쁘고 소중하거든! 알겠지? 이젠 선생님에게 먼저 말하기다~!"

"네~ 그런데 선생님 이거 선물로 안 주셔도 돼요! 선생님이 선물로 받으신 거잖아요. 미안해요…. 예뻐서 모르고 가져갔어요. 그런데 많이 봐서 이제 없어도 돼요!"

"그래? 용기 내서 사실대로 말해 줘서 정말 고마워! B야!"

"네~ 선생님 고맙습니다."

깍듯하게 인사하고 돌아가는 B의 표정이 밝아서 다행이다. 그 아이가 왜 그런 선택을 했는지 추궁하지 않았다.

다만 용기를 내어 자신의 마음을 솔직하게 얘기한 것이 받아들여지고 이해받으면 관계를 계속 이어 갈 수 있다는 경험을 선물하고 싶었다.

잘못된 선택으로부터 자유롭기 위해서는 사과든 이해든 마음을 솔직히 나누는 용기에서 출발한다는 경험을 선물하고 싶었다.

아동기 시절에 경험하는 '인정'받음은 바른 정체성의 아주 큰 부분을 차지한다. 자신의 용기에 인정받은 그 아이의 경험이 다른 사람에게 사랑받을 수 있는, 또 사랑을 줄 수 있는 힘의 세포로 살아났으면 좋겠다.

실패는 성공의 반대가 아니라 선택에 의한 다른 결과이다. 그래서 선택과 과정을 분석하며 다른 대안을 찾아 원하는 결과로 나아가는 디딤돌이다. 그 디딤돌을 지나기 위해서는 용기가 필요하다. 아이들에겐 새로운 선택을 위한 용기를 응원해 주는 따듯한 문화가 필요하다.

# 메아리는 나의 외침이 돌아온 것이다
_좋은 거울과 길이 되는 문화

초등 저학년 아이들의 마음은 유리처럼 투명하다. 이때의 아이들은 아직 자신의 마음을 잘 숨기지 못하고 그대로 드러낸다. 그래서 아이들이 피드백에 민감하게 반응한다.

코로나 때 아이들이 힘들었던 것은 아마 반응 즉 피드백이 없었기 때문이다.

그래서 아이들은 피드백을 바로 받는 게임을 더욱 선호하게 된 것이다.

"야, 너는 말을 왜 그렇게 하니?"
"왜? 내가 뭐? 언니가 먼저 나한테 시비를 걸었잖아!"
"그게 무슨 시비야. 너도 숙제 안 했냐고 물어본 건데."
"그게 시비야. 나 숙제 안 했다고 선생님에게 이르는 거잖아."
"아니 선생님이 아니라 너한테 물어본 거잖아."
"그러면 선생님이 안 듣게 물어봐야지. 선생님도 들었으니 이른 거지."
"선생님! A는 왜 이래요? 너무 기분 나빠요."

"나도 기분 나빠 언니."

말투가 투박하고 표현이 날카로워서 주변 아이들이 대화하기를 회피하는 아이 A가 있었다. 문제는 A가 다른 아이들의 반응이 자신의 말투와 표현에 의한 것임을 전혀 인지하지 못하고 있었다.

숙제하지 않은 것이 스스로 불안한 순간에 "너 숙제했니?"라며 일상적인 질문을 선생님께 고자질한 거라며 투박하게 몰아세운다. 이 아이와의 대화는 매번 이렇다.

"A야, 선생님에게 하고 싶은 말이 있니?"
"아니, 나 참, 모르니까 나왔죠. 질문할 것 있으면 선생님이 나오라고 했잖아요. 근데 왜 그러세요?"

이 아이는 자신에게 말하는 사람 대부분이 자신에게 시비를 건다고 생각하는 듯 반응했다.

"A야, 질문이 있으면 어떻게 말해야 할까?"
"몰라요. 나오라면서요."

처음엔 이 아이가 일부러 그러는 줄 알았다. 그런데 아니었다. 상황에 따라 상대에 따라 어떤 단어를 사용하고 어떤 어투로 말해야 하는지 전혀 모르고 있었다.

초등학교 2학년이 사용하기엔 너무나 낯선 단어를 사용하며 표현했다.

"아니, A야, '선생님 질문 있어요.'라고 해야지. 너는 선생님께 버릇없이 왜 그러니?"
옆에서 지켜보던 다른 친구가 말했다.
"뭐가? 뭐래? 지금 너는 나에게 버릇 있게 말하는 거냐?"

이렇게 대화가 힘들었다. 그래서 이 아이가 말할 때마다 바른 단어 사용과 표현으로 수정하여 다시 되돌려주며 확인 질문하였다.

"아니, 나 참, 모르니까 나왔죠. 질문할 것 있으면 선생님이 나오라고 했잖아요. 근데 왜 그러세요?"
"아, 모르는 것이 있어 질문하려고 나온 거니?"
"네, 당연한 거 아니에요?"

아휴, 와… 헐… 아이들의 반응에 A는 더 인상을 썼다.

"A야, 저 친구들의 반응에 화나니?"
"네! 짜증 나요. 내가 뭘 잘못했다고. 너희나 잘해!"
"A가 사용하는 단어와 표현하는 말을 통해 친구들이 느끼는 기분이, 지금 네가 느끼는 기분과 거의 같은 거야. 지금 네 마음과 같은 거지. 선생님이 도와줄 테니 지금부터 선생님 따라 해 보는 건 어떨까?

그러면 네 마음도 친구들의 마음도 좀 편해질 거야."
"알겠어요."

그렇게 A의 표현을 수정하여 돌려주며 다시 따라서 말할 수 있게 했다. 같은 의미이지만 다른 표현으로 했을 때 나의 표정과 반응, 그리고 친구들의 표정과 반응이 다름을 인지하기 시작했다. 그러곤 말을 하기 전 나와 눈을 마주치고 살며시 미소 지은 뒤 차분히 말을 하기 시작했다. 가끔은 적절하지 않은 단어(어른의 언어)가 들어가곤 하지만 이제는 제법 3학년다운 표현을 한다.

어느 날 아이가 말했다.

"선생님, 선생님은 제가 너무 이쁘고 좋죠?"
"어! 어떻게 알았어? 선생님은 요즘 들어 우리 A가 너무 이뻐! 계속 보게 돼!"
"알고 있어요. 선생님이 언제부턴가 계속 저만 보면 미소 지으시던데요! 제가 이뻐서 그런 거죠. 뭐."

함께 있는 아이들과 크게 웃었다.

사실이었다. 2학년 아이가 의미도 제대로 모르는 어른들의 단어와 날카로운 말투와 표현을 하며 자신의 감정을 적나라하게 드러내어 관계의 어려움이 있었다. 그런 아이가 이제 제 나이에 맞는 말을 표현하려고 애쓰는 모습이 너무나 사랑스러웠다. 마음은 같은 건지 다른 아이들도 A와 대화를 피하지 않고 이해하며 함께했다.

 A는 진짜 몰랐다. 자신의 말투와 표현이 상대의 기분과 마음을 어렵게 한다는 것을 말이다.

 그래서 알려 주고 가르쳐 주었다. 거울이 되어 자신을 볼 수 있게 도와주었다.

 그렇게 길을 내니 잘 걸어간다. 이들에게 필요한 것은 부정적 수치심에서 벗어나는 것이다. 이것은 주변으로부터 오는 것이므로 어떤 문화 속에 있느냐에 좌우된다. 긍정적 언어와 환경을 주는 문화에 있으면서 솔직한 자기 모습에 응원과 공감을 받는다. 그런 분위기에서 유대감이 강화된다. 이러한 친근한 관계는 중독을 이겨 내는 힘을 준다.

 아이들의 표현에 바로 반응하며 혼내기 전에 아이들 스스로 돌아볼 수 있도록 도와주는 선한 반응으로 대응하는 문화와 어른이 필요하다. 아이가 좋은 반응으로 다시 표현할 수 있도록 생각하게 돕는 바르고 좋은 대응적 반응을 돌려주는 것이다. 아이의 거울이 되어 자신을 볼 수 있게 도와주고 자신의 사랑스러운 모습을 위한 말과 표현은 어떠한 것인지 들려주는 것이다.

 아이들은 빙그레 웃으며 곧잘 따라 한다. 사랑스러운 아이들에게는 좋은 거울이 필요하다. 자신을 향한 어른의 눈동자와 미소와 언어를 통한 표현에서 자신이 얼마나 사랑스러운 존재인지를 보고 들음으로 존재 가치를 인식한다.

 이제는 판단과 지적의 대상이 아니라, 자신 그대로 받아들여지는 사랑스러운 존재임을 인지하고 누릴 수 있도록 거울과 길이 되는 문화와 어른이 필요하다.

아이들이 스마트폰에 과의존하는 현상은 마음을 알아차리고 받아들여지는 감성리더의 문화가 필요하다는 시그널이다.

감성리더와 함께하는 코칭 대화를 통해 편안함을 느낄 수 있다. 이 편안함은 마음을 정돈할 수 있는 안정감을 선물한다. 우리는 존중받는 안정감 속에서 자신이 가치 있는 존재임을 인식하게 된다. 이 인식은 자신이 지금 무엇을 원하는지 알아차릴 수 있게 돕고, 그것을 채운 자기 모습을 바라보게 한다. 그 시선은 진짜 마음을 위한 선택과 책임의 길을 기꺼이 걸어갈 힘을 발휘하게 한다.

지금 함께 있는 우리의 아이는 어떠한가요?
그 아이는 자신의 진짜 마음을 채울 힘을 가지고 있나요?
지금부터 여러분이 감성리더 문화의 거울과 길이 되어 준다면 더 많은 아이가 이 힘을 누릴 수 있습니다.

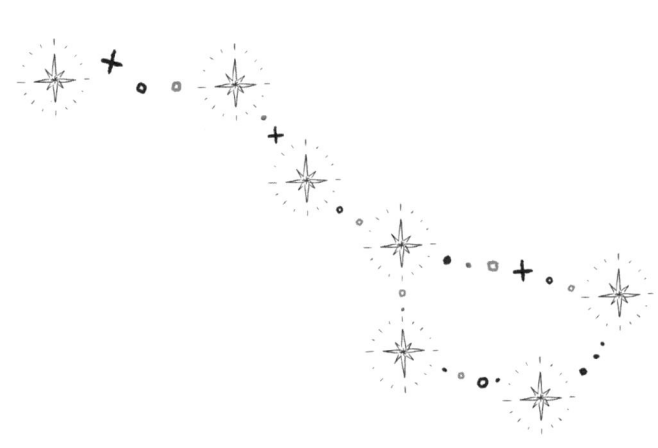